हिन्दी ग़ज़ल का वर्तमान दशक

(सन् 1990 से सन् 2000 तक)

हिन्दी ग़ज़ल का वर्तमान दशक

समीक्षा एवं सम्पादन
डॉ. सरदार मुजावर

वाणी प्रकाशन

वाणी प्रकाशन

4695, 21-ए, दरियागंज, नयी दिल्ली 110 002

शाखा

अशोक राजपथ, पटना 800 004

फ़ोन: +91 11 23273167 फ़ैक्स: +91 11 23275710

www.vaniprakashan.in

vaniprakashan@gmail.com

HINDI GHAZAL KA VARTMAN DASHAK

Edited by Dr. Sardar Mujawar

ISBN : 978-81-7055-752-4

Criticism

प्रथम संस्करण 2001

आवृत्ति 2014

मूल्य : ₹325.00

हर्ष प्रिंटर्स, दिल्ली-110 093 में मुद्रित

वाणी प्रकाशन का लोगो मक़बूल फ़िदा हुसेन की कूची से

प्रस्तुत रचना

सुप्रसिद्ध शायर एवं गीतकार

जावेद अख़्तर जी

को

आदर एवं सम्मान

के

साथ समर्पित है।

भूमिका

'हिन्दी ग़ज़ल का वर्तमान दशक' जिसे हिन्दी ग़ज़ल के गम्भीर और समर्पित अध्येता सरदार मुजावर ने सम्पादित किया है, और जिसके तहत वर्तमान दशक के उन्नीस ग़ज़लगो अपनी कुछ चुनिन्दा ग़ज़लों के साथ हमसे मुख़ातिब हुए हैं, हिन्दी में अपने ढंग की पहली किताब है। जिन स्वनामधन्य ग़ज़ल कहने वालों की चुनिन्दा ग़ज़लें इस संकलन में बानगी के तौर पर हमारे सामने पेश की गई हैं, उनका सम्बन्ध हमारे अपने समय से है और लगभग सारे के सारे अपने फ़न में माहिर हैं। अधिक ख्यात और लम्बे समय से हमारे बीच विद्यमान नीरज, चंद्रसेन विराट, कुँअर बेचैन और रामकुमार कृषक जैसे ग़ज़ल विधा को उसकी बुलंदियों तक हिन्दी में पहुँचाने वाले फ़नकारों के अलावा सूर्यभानु गुप्त, सुल्तान अहमद, हस्तीमल हस्ती, सुरेन्द्र चतुर्वेदी और रामनारायण स्वामी जैसे ग़ज़लगो भी इस संकलन में हैं जिनकी ग़ज़लें विविध पत्र-पत्रिकाओं में लंबे अरसे से प्रकाशित होकर पाठकों के बीच अतिशय लोकप्रिय हुई हैं और सराही गयी हैं। जितने भी नाम इस संकलन में शामिल हैं, बड़ी सावधानी और समझ के साथ सरदार मुजावर ने उन्हें चुना है और उनकी ऐसी रचनाओं के साथ उन्हें हमसे मुख़ातिब किया है, जो हज़ारों पाठकों की जुबान पर चढ़ी हुई रचनाएँ हैं। मैं बड़े विश्वास के साथ यह कह सकने की स्थिति में हूँ कि वर्तमान दशक की चुनिन्दा ग़ज़लों के इस संकलन को देकर सरदार मुजावर ने हिन्दी में ग़ज़ल के प्रसार और लोकप्रियता को एक नया आयाम प्रदान किया है, उनका यह संकलन हिन्दी में बहुत लोकप्रिय होगा और बड़े चाव से अपनाया जाएगा। इसमें मुझे कतई सन्देह नहीं है।

ग़ज़ल को हिन्दी में लाने वाले अमीर खुसरो हिन्दी में उस गंगाजमुनी संस्कृति के आदि पुरोधा हैं जो हिन्दी क्षेत्र में तो फल-फूल रही ही है, जिसका प्रभाव हिन्दीतर क्षेत्रों में भी व्यापक रूप से पड़ रहा है। हिन्दी के अलावा गुजराती-मराठी भाषाओं के साहित्य में भी ग़ज़ल न केवल शौक से अपनाई जा रही है, इन भाषाओं के साहित्य की एक महत्त्वपूर्ण पूँजी भी बनती जा रही है। अपनी प्रस्तावना में सरदार

मुजावर ने अमीर खुसरो से शुरू करके कबीर और फिर भारतेन्दु से लेकर जो 'रसा' तखल्लुस से लिखा करते थे, प्रसाद, निराला, शमशेर बहादुर सिंह और दुष्यन्त कुमार तक अपने पूरे परवान में चढ़ी ग़ज़ल की परम्परा का उल्लेख किया है, और उस कड़ी में जो इक्कीस नाम इस संकलन के जरिए पिरोए हैं, उन पर एक नज़र डालते ही यह बात पूरी तरह स्पष्ट हो जाती है कि ग़ज़ल अब हिन्दी के लिए पराई या उर्दू-फ़ारसी के जरिए आई न होकर हिन्दी की अपनी अस्मिता और वजूद के साथ जुड़ गई है। वह उर्दू ग़ज़लों के साथ-साथ ग़ज़ल विधा को उसके पूरे उभार में कविता-प्रेमियों के लिए एक ऐसे संसार में विचरण करने के लिए न्योता दे रही है, जिसका अपना अन्दाज़, जिसकी अपनी बुलंदियाँ और जिसके अपने रंग हैं।

इस संकलन की ग़ज़लें इस संसार के बहुरंगीपन, उसकी विशदता और उसके बहुआयामी रूप का एक जायजा तो देती ही हैं, उसमें डूबे और विचरण करते रहने की कशिश भी पैदा करती हैं। बड़ी सूझबूझ और बड़ी मशक्कत से सरदार मुजावर ने इक्कीस फ़नकारों की बेहतरीन से बेहतरीन बानगियों को चुना है, जो सदी के वर्तमान दशक में अपने-अपने ढंग और अपने-अपने अन्दाज़ में पाठकों के दिल-दिमाग़ पर दस्तकें देती रही हैं। सरदार मुजावर ग़ज़ल के प्रेमी ही नहीं हैं, उन्होंने गज़ल पर काम भी किया है। वे हिन्दी ग़ज़ल के स्वरूप, स्वभाव और स्वाद से भली-भाँति परिचित हैं। इसी नाते, संकलन के रूप में हिन्दी पाठकों को अगली सदी के शुभारम्भ की यह मोहक भेंट दे सके हैं।

हिन्दी में ग़ज़ल अब अपना स्थान बना चुकी है। वह शायरी के दूसरे रूपों के साथ-साथ पंख पसारे आकाश का बहुत सारा विस्तार नाप चुकी है। अब वह किसी एक भाव-भूमि या विषय-क्षेत्र की चीज़ न रहकर आदमी की ज़िन्दगी की मुकम्मल तस्वीर बन चुकी है। व्यक्ति से समाज, और समाज से आगे पूरी दुनिया-जहान के स्पंदन अब उसमें सुने जा सकते हैं। उसमें व्यक्ति-मन के हर्ष-अवसाद के साथ पूरे समाज का यथार्थ अपनी पूरी भयावहता में विद्यमान है। प्रेमी-मन की तरंगें कम आम आदमी की व्यथा और उसके दुख-दाह अब उसमें अधिक विशद बनकर आ रहे हैं। देश-दशा का क्रूर साक्षात्कार भी अब वह कर रही है और आम आदमी के हक में आवाज़ की पूरी बुलंदियों से गुहारती हुई सत्तासीनों को ललकार रही है। वह अपनी व्यंजनाओं में अब बहुत सक्षम हो चुकी है। हमने ग़ज़ल की इस ऊँची-बेलौस और निर्भीक आवाज़ को दुष्यन्त कुमार में सुना है और हम उसे संकलन में शामिल ग़ज़लों में भी सुनेंगे। जो ग़ज़लें संकलन में शामिल हैं, वे हज़ारों कंठों से गूँजेंगी—अपनी भाव-सम्पदा और अपने शिल्प की कसावट में ग़ज़ल को एक नयी ज़मीन में फैलने का अवसर मुहैया करेंगी, ऐसा

हमारा भरोसा है।

सरदार मुजावर का यह प्रयास और भी नई फलश्रुतियों के साथ सामने आये, इसकी हम आशा करते हैं। ग़ज़ल का हिन्दी में अमीर खुसरो द्वारा रोपा गया विरबा, छतनार वृक्ष बनकर—ग़ज़ल-प्रेमियों को छाया दे, उनके दुख-ताप को शीतल करे और आज के आदमी में हँसी-खुशी के जो थोड़े से क्षण बचे हैं, उन्हें तसल्ली दे, और विशद बनाये, मैं इसी कामना के साथ संकलनकर्त्ता को साधुवाद देता हूँ।

वल्लभ विद्यानगर, शिवकुमार मिश्र

27 नवम्बर, 1999

अपना बयान

'हिन्दी ग़ज़ल के वर्तमान दशक' को आपके सम्मुख प्रस्तुत करते हुए मुझे बड़ी प्रसन्नता हो रही है। निस्सन्देह हिन्दी ग़ज़ल ने आज हिन्दी साहित्य में जो एक सम्मानजनक स्थान प्राप्त किया है, उसके पीछे अनगिनत हिन्दी ग़ज़लकारों की महान् तपस्या ही कार्यरत रही है। वास्तव में तेरहवीं शताब्दी में अमीर खुसरो ने ग़ज़ल के बीज को इस धरती की मिट्टी में बोकर हिन्दी ग़ज़ल के जनक का सम्मान प्राप्त किया। इस बात में कोई सन्देह नहीं कि जब भी कभी हिन्दी ग़ज़ल साहित्य का इतिहास लिखा जाएगा, तब उसमें अमीर खुसरो का नाम सुनहरे अक्षरों में लिखा जाएगा। अमीर खुसरो की ग़ज़ल परम्परा को सन्त कबीर ने जीवित रखने का कार्य किया। फिर हिन्दी साहित्य के आधुनिक काल के महान् कवि भारतेन्दु ने भी ग़ज़ल विधा को प्रतिष्ठित करते हुए उसकी नींव को मजबूत बनाने का एक महान् कार्य किया। छायावाद के दो प्रतिभासम्पन्न कवि जयशंकर प्रसाद और निराला ने भी ग़ज़ल विधा में हाथ आजमाते हुए उसे एक स्वतंत्र व्यक्तित्व प्रदान किया। वास्तव में प्रसाद और निराला की ग़ज़लें संख्या की दृष्टि से कम हैं फिर भी भावों की दृष्टि से अत्यन्त महत्त्वपूर्ण हैं। प्रसाद की ग़ज़लों के सन्दर्भ में एक बात का उल्लेख करना ज़रूरी है कि उन्होंने अपने कुछ नाटकों में भी ग़ज़लों का एक अनोखा प्रयोग किया है। निराला ने भी अपनी 'बेला' नामक रचना में चालीस के आसपास ग़ज़लें प्रस्तुत की हैं। उनकी ये ग़ज़लें भाषा, भाव, छन्द, प्रतीक, मुहावरे आदि की दृष्टि से काफ़ी महत्त्वपूर्ण बन पड़ी हैं। निराला के बाद शमशेर बहादुर सिंह ने भी अपनी ग़ज़लें प्रस्तुत करते हुए हिन्दी के पाठकों को **ग़ज़ल की टेकनिक** से परिचित कराने की भूमिका निभायी। हालाँकि उनकी ग़ज़लों में रोमांटिकता की मात्रा अधिक रही है फिर भी उनकी ग़ज़लें प्रभाव की दृष्टि से सफल बन पड़ी हैं।

शमशेर के बाद हिन्दी ग़ज़ल के क्षेत्र में जिनका नाम बड़े ही आदर एवं सम्मान के साथ लिया जाता है, वे हैं–दुष्यन्त कुमार। ग़ज़ल को हिन्दी रूप में ढालने का असाधारण कार्य दुष्यन्त कुमार ने ही किया है। वास्तव में–हिन्दी ग़ज़ल

को जनसामान्य तक पहुँचाने में दुष्यन्त कुमार की भूमिका प्रशंसनीय रही है। उनके 'साये में धूप' ग़ज़ल संग्रह ने हिन्दी काव्य साहित्य में धूम मचा दी। 'साये में धूप' की ग़ज़लें इतनी लोकप्रिय हुईं कि प्रकाशक को इसके लगातार पन्द्रह संस्करण निकालने पड़े और आज भी इसकी माँग में कोई कमी नहीं आ पायी है। सिर्फ़ बावन ग़ज़लों के इस संग्रह में ऐसी क्या बात है कि सभी हिन्दी-काव्य प्रेमियों के लिए यह आकर्षण का विषय बन गया। मुझे लगता है कि दुष्यन्त की ग़ज़लों को इतनी अपार लोकप्रियता मिलने का प्रमुख कारण यह है कि हिन्दी में पहली बार उन्होंने ग़ज़ल को उसकी पुरानी परम्परा से बिलकुल अलग करते हुए उसे आम आदमी की भावना को अभिव्यक्ति दिलाने का एक प्रमुख ज़रिया समझा। कवि, समाज एवं शासन की विसंगतियों एवं विद्रूपताओं पर खुलकर प्रहार करते हुए दुष्यन्त ने एक साफ-सुथरी सामाजिक व्यवस्था की माँग की।

दुष्यन्त कुमार की ग़ज़लों से प्रेरित होकर आज हिन्दी में लगभग तीन सौ के आसपास ग़ज़लकारों ने अपनी ग़ज़लें प्रस्तुत करते हुए उसकी लोकप्रियता में चार चाँद लगा दिये हैं। हिन्दी ग़ज़लों पर अब तक लगभग पन्द्रह शोधप्रबन्ध आ चुके हैं। लघु-शोध प्रबन्ध भी आ चुके हैं। आज भी देश के कई विश्वविद्यालयों में हिन्दी ग़ज़लों पर शोधकार्य जोरों पर है। लगता है हिन्दी ग़ज़ल हिन्दी साहित्याकाश पर छा गयी है। सन् '90 के बाद हिन्दी साहित्य में हिन्दी ग़ज़लों की एक बाढ़-सी आयी हुई प्रतीत होती है। सन् '90 के बाद इस देश में सामाजिक, धार्मिक, आर्थिक, राजनीतिक एवं नैतिक मूल्यों में जो गिरावट आयी, उस पर आज के ग़ज़लकारों ने अपना आक्रोश एवं अपनी तीखी प्रतिक्रियाएँ प्रस्तुत की हैं। इसी आक्रोश एवं तीखी प्रतिक्रियाओं को हिन्दी के पाठकों, शोधकर्ताओं तथा ग़ज़ल प्रेमियों तक पहुँचाने की दृष्टि से मैंने संकलन की योजना बनाने का निश्चय किया और आज प्रत्यक्ष रूप से यह साकार भी हुआ। अतएव इस बात की मुझे बड़ी प्रसन्नता है।

प्रस्तुत संकलन में संकलित लगभग सभी ग़ज़लकारों की ग़ज़लों की समीक्षा भी की गयी है। इस समीक्षा को दो भागों में रखने का प्रयास किया है। पहले भाग में सन् '90 के बाद की हिन्दी ग़ज़लों की विषयवस्तु पर प्रकाश डाला है और उसके दूसरे भाग में सन् '90 के बाद की हिन्दी ग़ज़ल के शिल्प-विधान पर प्रकाश डाला है। मुख्य रूप से समीक्षा के अंतर्गत इन दो आयामों का ही विस्तार से विवेचन किया है। इस समीक्षा के पीछे हेतु यह रहा है कि हिन्दी ग़ज़लों को लेकर शोधकार्य करने वालों को एक नयी दिशा मिले।

इस संकलन के लिए देश के विभिन्न भागों से जुड़े हुए रचनाकारों ने अपनी-

अपनी ग़ज़लें भेजकर मेरे मन्सूबे को साकार करने में योगदान दिया है। इनके नाम हैं—गोपालदास 'नीरज', डॉ. कुँअर बेचैन, चन्द्रसेन विराट, सूर्यभानु गुप्त, सुलतान अहमद, नूर मुहम्मद 'नूर', अशोक अंजुम, अखिलेश तिवारी, सविता चड्ढा, सुरेन्द्र चतुर्वेदी, गोपाल शर्मा, देवमणि पांडेय, हस्तीमल हस्ती, लक्ष्मण दूबे, डॉ. उर्मिलेश, डॉ. रोहिताश्व अस्थाना, रसूल अहमद सागर, रामकुमार कृषक, रामनारायण स्वामी तथा मधुवेश। मैं इन सभी ग़ज़लकारों के प्रति अपना हार्दिक आभार प्रकट करता हूँ तथा इनके प्रति अपनी कृतज्ञता प्रकट करता हूँ। मैं आभारी हूँ हिन्दी के वरिष्ठ एवं आदरणीय समीक्षक डॉ. शिवकुमार मिश्र जी का जिन्होंने इस पुस्तक की भूमिका लिखने की जिम्मेदारी को बड़ी ही सहजता एवं आत्मीयता से निभाया। मैं आभारी हूँ वाणी प्रकाशन, नयी दिल्ली के भाई अरुण महेश्वरी जी का क्योंकि उन्होंने 'हिन्दी ग़ज़ल का वर्तमान दशक' इस पुस्तक को शीघ्र ही प्रकाशित करने में अपनी रुचि प्रदर्शित की। प्रस्तुत संकलन की योजना को मूर्त रूप देने में मेरी पत्नी सईदा मुजावर का भी हार्दिक सहयोग रहा है। अतः मैं उसका भी हृदय से आभारी हूँ। अस्तु अन्त में मैं बस इतना ही कहना चाहूँगा कि 'हिन्दी ग़ज़ल का वर्तमान दशक' वास्तव में 1990 के बाद की हिन्दी ग़ज़ल का एक प्रातिनिधिक रूप है, जिसे आपके सम्मुख प्रस्तुत करने का मैंने साहस किया है। इसमें मुझे कितनी सफलता मिली है इसका निर्णय तो आप ही करेंगे। इन्हीं सद्भावनाओं के साथ। धन्यवाद एवं नमस्कार।

—डॉ. सरदार मुजावर
हिंदी विभाग,
किसान वीर महाविद्यालय,
वाई-412803, जि. सतारा (महाराष्ट्र)

अनुक्रम

हिन्दी ग़ज़ल के वर्तमान दशक की समीक्षा

(अ) वर्तमान दशक की हिन्दी ग़ज़ल का वस्तु-विधान

वर्तमान दशक की हिन्दी ग़ज़ल की विषय-वस्तु की जाँच-पड़ताल करने पर एक साथ कई सारी बातें उभरकर सामने आती हैं। वर्तमान दशक की हिन्दी ग़ज़लों ने उन विषयों को चुना है, जो हमारी ज़िन्दगी से जुड़े हैं। भूख, बेकारी, महँगाई, धोखाधड़ी, अन्याय, भ्रष्टाचार, अमानवीयता, अजनबीपन, द्वेष, ख़ून-ख़राबा, मानवीयता, एकता, सद्भाव आदि तमाम विषयों को वर्तमान दशक की हिन्दी ग़ज़लों ने अपनी निगाह के दायरे में लिया है। समाज में पनपती हुई नकारात्मक प्रवृत्तियों को रेखांकित करते हुए हिन्दी ग़ज़लों ने सकारात्मक प्रवृत्तियों के उन्नयन पर भी बल दिया है। विषय एवं आशय की दृष्टि से वर्तमान दशक की हिन्दी ग़ज़लें विविधताओं से भरी पड़ी हैं। किसी एक ही विषय एवं आशय को लेकर वे नहीं चली हैं। हमारी रोज़मर्रा की ज़िन्दगी की धूप-छाँव, आशा-निराशा, हर्ष-विषाद तथा हार-जीत को इन ग़ज़लों ने जन-साधारण के समक्ष प्रस्तुत करने का जो दायित्व निभाया है उसकी प्रशंसा किये बिना रहा नहीं जाता। यहाँ प्रातिनिधिक ग़ज़लकारों की हिन्दी ग़ज़लों का अनुशीलन प्रस्तुत किया जा रहा है। हिन्दी ग़ज़लों के विकास में जिनका नाम बड़े आदर एवं सम्मान के साथ लिया जाता है वे हैं हिन्दी के गीत-सम्राट श्री गोपालदास 'नीरज'। 'नीरज' जी ने हिन्दी में गीतों के साथ-साथ बड़ी ही सुन्दर तथा भावपूर्ण ग़ज़लें प्रस्तुत की हैं। 'हिन्दी ग़ज़ल का वर्तमान दशक' इस संकलन में सर्वप्रथम उनकी चार ग़ज़लों का समावेश किया गया है। अपनी पहली ग़ज़ल में ही उन्होंने अपने शेरों के माध्यम से जो भावनाएँ तथा विचार प्रस्तुत किये हैं, वे बहुत प्रभावशाली हैं। नीरज जी ने कहा है कि अपनी हार एवं थकान को दूर करते हुए कुछ करने की हिम्मत बरकरार रखनी चाहिए। हिम्मत है तो क्या कुछ नहीं हो सकता? नीरज जी का यह शेर लीजिए—

हारे हुए परिन्दे जरा उड़के देख तो
आ जाएगी ज़मीन प छत आसमान की।

आज हिन्दुस्तान की स्थिति बड़ी विचित्र हुई है। जो उसकी रक्षा करते हैं वे ही उसे लूटने का प्रयास कर रहे हैं। इस स्थिति पर 'नीरज' जी का यह व्यंग्य देखिए—

ज्यों लूट लें कहार ही दुलहिन पालकी
हालत यही है आज कल हिन्दोस्तान की।

सारे संसार की पीड़ा को अपने हृदय में समाकर 'नीरज' जी कहते हैं—

'नीरज' से बढ़के और धनी कौन है यहाँ
उसके हृदय में पीर है सारे जहान की।

'नीरज' जी ने अपनी एक अन्य ग़ज़ल में साम्प्रदायिक सद्भाव तथा मनुष्यता की बात कही है। उनका मानना है कि एक ऐसा मज़हब बनाना होगा जिसमें इन्सान इन्सान के रूप में नज़र आएगा। वास्तव में आजकल हर तरफ़ आगजनी एवं ख़ून-ख़राबे के सिवा कुछ नज़र ही नहीं आता है। इस गंभीर स्थिति की ओर हमारा ध्यान आकर्षित करते हुए 'नीरज' जी लिखते हैं—

अब तो मज़हब कोई ऐसा भी चलाया जाए
जिसमें इन्सान को इन्सान बनाया जाए।
आग बहती है यहाँ गंगा में झेलम में भी
कोई बतलाए कहाँ जाके नहाया जाए।

नीरज के बाद हिन्दी ग़ज़लों के क्षेत्र में जिनका नाम बड़े आदर और सम्मान के साथ लिया जाता है, उनमें डॉ. कुँअर बेचैन शामिल हैं। हिन्दी में अब तक उनके लगभग दस ग़ज़ल संग्रह प्रकाशित हो चुके हैं। दुष्यन्त स्कूल के बाद जो युग आता है उसे हम डॉ. कुँअर बेचैन स्कूल के नाम से पुकार सकते हैं। और यह न्यायपूर्ण भी लगता है। प्रस्तुत संकलन में उनकी पाँच ग़ज़लों को शामिल किया गया है। उनकी एक ग़ज़ल से तो यह स्पष्ट होता है कि उन्होंने पाठकों को एक नयी प्रेरणा देने का कार्य किया है। ज़िन्दगी के सफ़र में खुश्बू बिखेरते हुए आगे बढ़ना चाहिए। नये-नये हौसले बनाने चाहिए और नयी-नयी मंज़िलें तलाशनी चाहिए। ज़िन्दगी के इस सफ़र में छाँव के साथ धूप को भी अपनाना पड़ेगा। यह हक़ीकत है कि जो परिन्दा उड़ान भरना चाहता है, लोग उसके पंख काट देते हैं। इसलिए बिना पंखों से भी उड़ान भरनी चाहिए। इतनी शक्ति तो

अपने बाजुओं में होनी चाहिए। डॉ. कुँअर बेचैन के ये कुछ शेर पेश हैं जिसमें एक सन्देश है, हौसला है, जोश है।

ज़िन्दगी की राहों में खुश्बुओं के घर रखना
आँख में नई मंज़िल पाँव में सफ़र रखना
सिर्फ़ छाँव में रहकर फूल भी नहीं खिलते
चाँदनी से मिलकर भी धूप की ख़बर रखना
लोग जन्म लेते ही पंख काट देते हैं—
है बहुत बहुत मुश्किल बाजुओं में पर रखना

अपनी एक अन्य ग़ज़ल में डॉ. बेचैन ने बड़े महत्त्वपूर्ण विचार प्रस्तुत किये हैं। वास्तव में दुनिया के रंग-ढंग ही कुछ निराले हैं। वह फूलों को काँटों में बदल देती है। जो सेहतमन्द है उनको बीमार बना देती है। बच्चों के खिलौनों से वह जानलेवा हथियार बनाती है। बच्चों का बचपन छीनकर वह उन्हें होशियार बनाने की कोशिश करती है। डॉ. कुँअर बेचैन के ये शेर देखिए—

हमने लोहे को गला कर जो खिलौने ढाले
उनको हथियार बनाने पे तुली है दुनिया
नन्हे बच्चों से 'कुँअर' छीन के भोला बचपन
उनको होशियार बनाने पे तुली है दुनिया

डॉ. कुँअर बेचैन का यह शेर पेश है जिसमें आदमी की असलियत पर रोशनी डाली गयी है—

दिल में अकसर उनके ही कालिख 'कुँअर' देखी गई
लोग वो जो दीखने में साफ़-सुथरे हैं

बेटी की महानता पर डॉ. कुँअर बेचैन ने एक सुन्दर ग़ज़ल पेश की है। जिसके ये दो शेर देखिए—

अपने अश्कों से बना लेती हैं ये
एक जंगल को भी उपवन बेटियाँ
खुश्क रेगिस्तान-सी है ज़िन्दगी
और रिमझिम मस्त सावन बेटियाँ

व्यक्ति एवं समाज की स्थिति पर अपनी ग़ज़लों द्वारा व्यंय करने में चन्द्रसेन

विराट एक सिद्धहस्त ग़ज़लकार हैं। उनकी अधिकांश ग़ज़लों का मूल स्वर व्यंग्यात्मक रहा है। आज का मनुष्य जानवर से बढ़कर व्यवहार करने लगा है। वह दूसरों का ख़ून बहाते हुए ज़रा भी हिचकिचाता नहीं है। आज का मनुष्य तो इस सदी का मीठा ज़हर बना हुआ है। एक शेर लीजिए–

आदमी! तू बच कि तेरी मौत इससे ही न हो
हाँ, बड़ा मीठा ज़हर है इस सदी का आदमी

आजकल यहाँ-वहाँ बहुत से लोग तो मिल जाते हैं पर उनमें 'हृदय' नाम की कोई भी चीज़ नहीं होती। ऐसे लोग नकली प्यार से पेश आते हैं। ऐसे प्यार में केवल वासना की बू आती है। चन्द्रसेन विराट के ये दो अन्य शेर देखिए–

बुद्धि तो मिलती यहाँ लेकिन हृदय मिलता नहीं
पूर्ण-संवेदन सहित रस भावमय मिलता नहीं
ओ हिरन तू खोज मत मरुभूमि में पानी कभी
वासना मिलती यहाँ, सच्चा प्रणय नहीं मिलता

अपने आसपास का वातावरण एक रेगिस्तान-सा बन गया है। ऐसे में पानी की उम्मीद करना व्यर्थ होगा। चारों तरफ़ काँटे ही काँटे बिखरे हैं। उनसे फूलों की उम्मीद नहीं की जा सकती। शहरों का वातावरण भी अजनबीपन से भर जाता है। लोगों के हृदय पत्थर के बन जाते हैं। बानगी के तौर पर यह शेर लीजिए–

काँच की आँखें शहर में और पत्थर के हृदय
अब यहाँ मिलते न आँसू, लौट चल, माँगा न कर

यहाँ जो चुप रहता है, वह मर जाता है। जब तक आप चिल्लाकर बोलेंगे नहीं, तब तक लोगों के कानों से परदे उठेंगे नहीं। यहाँ केवल निवेदन करने से काम नहीं चलता। यहाँ जो ललकारता है, वही जीत जाता है। सत्ता तो जैसे बहरी बनी हुई है। जोर से बोले बगैर वह सुनती नहीं। यहाँ अपना हक़ छीन कर लेना पड़ता है। कोई आसानी से नहीं देता है। दो शेर सशक्त बन पड़े हैं–

बहरों का दरबार ज़ोर से बोल यहाँ
मिमिया मत, हुंकार, ज़ोर से बोल यहाँ
सत्ता के कानों में रहता तेल पड़ा
कम सुनती मक्कार, ज़ोर से बोल यहाँ

चारों ओर एक तरह की अराजकता फैली है। भय है, आतंक है। ऐसे में बड़ा बुरा हाल होता है। लगता है जैसे सूरज भी तो सहम गया है। ये शेर पेश हैं—

क्रूरतम घायल समय है क्या करें
हर तरफ़ आनन्द भय है क्या करें
सूर्य भी सहमा हुआ है शरद में
और कुहरे में उदय है क्या करें

आजकल हर जगह धोखाधड़ी चल रही है। लोग मुट्ठी में दाने लेकर आते हैं और कबूतरों को फँसा लेते हैं। यह बड़ी विचित्र बात है कि जो पहले आँख से आँख भी मिला नहीं पाते थे वे अब आँखें दिखाने लगे हैं।

उनकी मुट्ठी में जो दाने आये
वे कबूतर को फँसाने आये
आँख भी जो न मिला पाते थे
आँख वे हमको दिखाने आये

आज की राजनीति के बारे में हम क्या कहें? कैसे नेता और कैसा नेतृत्व! सब अपनी-अपनी पोटलियाँ भर रहे हैं। देश को लूट रहे हैं। पैर तो उनके कब्र में पहुँचे हैं पर सियासत का लालच छूट नहीं पाता है।

नेतृत्व कर रहे हैं, उनकी बड़ी कृपा है
वे देश चर रहे हैं, उनकी बड़ी कृपा है
हैं पैर कब्र में पर छूटती नहीं सियासत
मर कर न मर रहे हैं, उनकी बड़ी कृपा है

हिन्दी के एक सिद्धहस्त ग़ज़लकार हैं श्री रामकुमार कृषक। इस संकलन में उनकी पाँच मौलिक ग़ज़लों को शामिल किया गया है। उनकी ग़ज़लों में जहाँ एक ओर आग का एहसास होता है वहाँ आक्रोश भी और वेदना भी है। रामकुमार कृषक के ये दो शेर खासतौर से देखिए—

बिगड़ी हुई बहर की ग़ज़ल कह रहा हूँ मैं।
नक़्क़ाद दोस्तों के तंज सह रहा हूँ मैं।
पूछो न क्या है मेरी ग़ज़ल की किताब में,
इक राग है आग का और दह रहा हूँ मैं।

आजकल महँगाई इतनी बढ़ गयी है कि जीना दुश्वार हो गया है। बाज़ार में जब चले जाते हैं, तो बाज़ार ही हमें खा लेता है। हम तो कुछ भी नहीं खाते। आजकल हमारा खुलकर हँसना भी बन्द हो गया है। नकली मुस्कराहटें लेकर हम जीते हैं। रामकुमार कृषक के ये कुछ मौलिक शेर देखिए–

हम नहीं खाते हमें बाज़ार खाता है
आजकल अपना यही चीज़ों से नाता है
पेट काटा हो गई खासी बचत घर में
है कहाँ चेहरा मुखौटा मुस्कराता है

दुःखों का जीवन में आना-जाना रहता है। इसके बारे में कोई क्या कहेगा। कुछ लोग तो भर पेट खा लेते हैं, तो कुछ द्वार पर खड़े-खड़े रोटी का इंतज़ार करते हैं। इस विसंगति पर रामकुमार कृषक ने व्यंग्य किया है–

दुःख कहाँ से आ रहे बतलाइए
और कब तक जा रहे बतलाइए
भूख कब से द्वार पर बैठी हुई
आप कब से खा रहे बतलाइए

रामकुमार कृषक ने अपनी ग़ज़लों में अत्यंत महत्त्वपूर्ण विचारों को प्रस्तुत किया है–

बेवजह जलते नहीं जलना अगर छोड़ दे
रात गहराएगी अँधियारा घना हो जाएगा।
हार कर भी जीतने का गुर अगर हम सीख लें–
पूछिए मत ज़िन्दगी में क्या से क्या हो जाएगा।

सूर्यभानु गुप्त ने अपनी ग़ज़लों में ज़िन्दगी की धूप, भाग-दौड़, आशा-निराशा, गरीबी-अमीरी, सच-झूठ, रोटी, धोखाधड़ी, लड़ाई-हंगामे, दहशत आदि पर व्यंग्यपूर्ण ग़ज़लें लिखी हैं। समकालीन विसंगतियों पर चुपके से व्यंग्य कर जाना सूर्यभानु की ग़ज़लों की प्रमुख विशेषता है। अपनी ज़िन्दगी की दौड़धूप पर सूर्यभानु गुप्त का यह शेर देखिए–

हर लम्हा ज़िन्दगी के पसीने से तंग हूँ
मैं भी किसी क़मीज़ के कालर का रंग हूँ

आजकल आम-आदमी ही सियासत का शिकार बन गया है। सियासत की दौड़ में उसका जैसे कोई अस्तित्व ही नहीं रहा है। वह तो सियासत का सिर्फ़ एक मोहरा बन गया है। सूर्यभानु के ये कुछ शेर लीजिए–

मोहरा सियासतों का, मेरा नाम आदमी
मेरा वुजूद क्या है, खलाओं की जंग हूँ

इस ज़मीं पर अपना दर्द सुनने वाला तो कोई भी नहीं है। हाँ, हँसने वाले तो बहुत मिल जाते हैं। ऐसे लोगों से वे पत्थर अच्छे लगते हैं जो कम से कम चुप तो रहते हैं।

किसको मन के घाव दिखाएँ, हाल सुनाएँ जी के
इन्सानों से ज्यादा अच्छे पत्थर किसी नदी के

हम रावण को क्या दोष दें? आजकल तो हर किसी के चेहरे पर सौ-सौ चेहरे नज़र आते हैं। आज की यह सदी बड़ी ख़तरनाक साबित हुई है। इस सदी पर सूर्यभानु का यह सम्पूर्ण शेर देखिए–

हर कान्धे पे सौ-सौ चेहरे, गिनती क्या एक दो की,
रावण से ज्यादा ख़तरे हैं इस मक्कार सदी के।

पहले तो लोग हैजा या चेचक की बीमारी से मर जाते थे। लेकिन आजकल ऐशोआराम की बीमारी से मर रहे हैं। कुर्सी का रोग तो बड़ा भारी रोग है। कुर्सी के रोग से मरने वालों की संख्या कम तो नहीं है। इस पर सूर्यभानु का यह व्यंग्यपूर्ण शेर पेश है–

हैजे, चेचक से मरती थी यारो दुनिया पहले,
मोटर, बंगला, चमचे, कुर्सी ये हैं रोग अभी के।

आजकल सरेआम कत्ल हो रहे हैं। जिस इलाके में इस तरह की हत्याएँ होती हैं, वही इलाका ख़ास लोगों का होता है। बम, मिसाइल, दहशत आदि का इलाज किसके पास है?

हर क़दम पे होते हैं कत्ल जिस इलाके में
अब वही इलाक़ा है सबसे ख़ास नस्लों का।
बम, मिसाइलें, दहशत, नक़ली सरहदें, वहशत,
अब इलाज है साहब किसके पास नस्लों का।

इस देश में ठगों का ही बोलबाला है। जुलूस, नारे, वादे आदि सब कुछ दिखावा। अमल में कुछ भी नहीं। इस सच्चाई पर सूर्यभानु गुप्त का यह शेर लीजिए—

वादे, जुलूस, नारे, फिर फिर वही नजारे,
जागीर है ठगों की कबसे तमाम जंगल।

बेशक अपनी धरती की जड़ों से जो शायर जुड़ जाता है, वह महान् होता है। सब उसको सलाम करते हैं।

धरती कोई भी ओढ़े अपनी जड़ें न छोड़े,
करता है बस उन्हीं को दिल से सलाम जंगल।

एक जमाना था जब बनवास में राम के साथ सीता भी थीं और लक्ष्मण भी। उनमें आपस में आत्मीयता थी, सम्मान की भावना थी। पर आज अगर कोई राम बनवास जाना चाहे तो कोई भी साथ नहीं देगा।

पहली दफा तो संग में सीता थीं, लखन भी
अबके न कोई होगा, निकले जो राम जंगल

अपनी धरती, अपने आसमान, अपने दरिया की बात जो शायर करता है, वही सही मायने में हिन्दुस्तानी शायर कहलाएगा। सूर्यभानु का यह बहुत अच्छा शेर देखिए—

अपने वतन की मिट्टी, पानी का मैं तो शायर,
मेरी जुबान दरिया, मेरा कलाम जंगल।

आज के हालात की तल्ख़ी पर रोशनी डालने का काम नूर मुहम्मद 'नूर' की ग़ज़लों ने किया है। इस सदी के बारे में हम क्या कहें। कितनी ख़राब हो गयी है, कितनी बेनूर हो गयी है और कितनी बेहया हो गयी है आज की ज़िन्दगी। आज तो धरती पर इतनी दलदल हो गयी है कि क्या कहें? पाँव रखने तक को जगह नहीं है। 'नूर' के ये दो शेर बड़े सटीक लगते हैं—

इस सदी-सी बेहया कोई सदी पहले न थी,
इस क़दर बेआब आँखों की नदी पहले न थी।
पाँव रखें तो कहाँ रखें बतायेंगे हजूर,
आपकी धरती तो इतनी दलदली पहले न थी।

'नूर' की एक ग़ज़ल से इस बात का पता चलता है कि उनमें जीने की एक बड़ी पुरजोर तमन्ना है। चाहे लाख मुश्किलें आने दो उनसे लड़कर आगे बढ़ जाने में ही ज़िन्दगी की भलाई है। माना कि पत्थर कठिन है, पर उसको गढ़ते रहने में तो उतना ही मज़ा आता है। दुःखों के पहाड़ों पर भी चढ़ने का मज़ा ही कुछ और होता है। 'नूर' को बिना पंखों के भी उड़ना अच्छा लगता है। उनके कुछ शेरों में यह लड़ने उड़ने की बात नज़र आती है–

बार बार उठना–गिर पड़ना अच्छा लगता है
अंधकार से लड़ना-भिड़ना अच्छा लगता है
रोज सुखों के जंगल जंगल लहराऊँ, भटकूँ
रोज दुखों के पर्वत चढ़ना अच्छा लगता है
भर दी है वो शक्ति 'नूर' इस मिट्टी ने मुझमें
पंख नहीं हैं लेकिन उड़ना अच्छा लगता है।

यह तो निर्विवाद है कि 'नूर' की ग़ज़लों का व्यंग्य बड़ा पैना होता है। समकालीन विसंगतियों पर तीखे प्रहार करने का कार्य 'नूर' की ग़ज़लों ने किया है। 'नूर' के कुछ शेरों को मिसाल के तौर पर यहाँ पेश किया जा रहा है–

जब मुझे राह दिखाने को कई काने आये।
तब कहीं जाके मेरे होश ठिकाने आये।।
जिनका पेशा ही जहाज़ों को डुबो देना था,
मेरी कश्ती को वही लोग बचाने आये।
यूँ कि बस्ती के हर एक घर को जलाया पहले।
बाद में लोग वही आग बुझाने आये।

अशोक 'अंजुम' की ग़ज़लें इन्सानियत के चिराग जलाती हैं और अम्न की रोशनी बिखराती हैं। उनकी यह राय है कि लोगों की बातों से फूल झरने चाहिए। लोग हमेशा सच का दामन थामकर चलें। केवल दीवारों पर छत बनाने से घर नहीं बनता है। घर तो वह घर है जिसमें प्यार-मुहब्बत और अपनापन हो। अशोक 'अंजुम' की ग़ज़लें एक-एक विचार को सामने रखते हुए दिखाई देती हैं। उनका यह मानना भी सही लगता है कि मज़हबी दंगों को रोकना चाहिए। इनकी भयानकता इतनी होती है कि बच्चों में भी एक तरह की दहशत भर जाती है। इससे हमें बचना होगा। उनके ये कुछ शेर देखिए–

वे जो मज़हब की दुकानें खोलकर बैठे हुए,
उनसे कह दो अब न वे बच्चों में डर पैदा करें।

आदमी की चुप्पी पर भी अशोक 'अंजुम' ने व्यंग्य किया है। वास्तव में आदमी तमाम अन्यायों को सहता है। मुश्किलों को झेलता है पर उनके विरोध में कुछ कहने या करने की हिम्मत जुटा नहीं पाता है। ऐसा महसूस होता है कि उसका ज़िन्दगी से कोई लेना-देना ही नहीं है। 'अंजुम' का यह शेर देख लीजिए–

हर सितम चुपचाप सह कर बोलता कुछ भी नहीं।
आदमी! क्या ज़िन्दगी से वास्ता कुछ भी नहीं।।

आजकल चारों तरफ़ का माहौल भी बड़ा ही बदहवास हो गया है। जहाँ भी जाएँ भीड़ और भीड़। तल्ख़ी के सिवा कुछ भी नहीं।

बदहवासी भीड़ तल्ख़ी दूर तक बसे रास्ते।
उफ़ धुआँसा जिसमें है सूझता कुछ भी नहीं।।

अशोक अंजुम ने नेता लोगों के चरित्र पर भी व्यंग्य किया है–

जब भी आता है अनेकों ख़्वाब दिखलाता है वो,
किन्तु जाकर राजधानी, देखता कुछ भी नहीं।

इस दौर का आदमी भी बड़े ही अजीब तरह का हो गया है। कोई भी बात कर लो वह हाँ तो कर देता है, पर उस पर अमल नहीं करता है–

पक चुका है इस क़दर इन्सान अब इस दौर का,
हाँ तो कर देता है, पर वो मानता कुछ भी नहीं।

आज अगर ध्यान से देखें तो पता चलता है कि अमीरों में शराफ़त नाम की कोई चीज़ ही नहीं रही। जो देश को चलाते हैं वे देश को लूटने का ही काम करते हैं। ऐसे नेता कुछ ऐसी हरकतें कर बैठते हैं कि उसकी क़ीमत सारे देश को चुकानी पड़ती है–

नोचते हैं खोंसते हैं कहर ढाते हैं सदा,
रहबरों की हो गई है अजीब आदत साबजी।

सच्चाई से जीने वालों को यहाँ बहुत मुश्किलें झेलनी पड़ती हैं। ज़लालत सहनी पड़ती है। ऐसे में आदमीयत कैसे बच पाएगी? पर हर हाल में आदमीयत को

बचाना होगा। अशोक अंजुम के ये और दो शेर पेश हैं—

सच को काँधे पर उठाये फिर रहा है शख़्स जो,
क्या बताएँ झेलता क्या क्या ज़लालत साबजी।
आदमीयत आदमी से दूर कोसों हो गई,
हो सके तो कीजिए इसकी हिफ़ाज़त साबजी।

आज की इस व्यवस्था में झूठ और पाखंड का ही बोलबाला है जो झूठ बोलता है, उसका नाम हो जाता है। जो सच बोलता है वह बदनाम हो जाता है। जो मजबूर हैं, दीन-हीन हैं, वे दूसरों का शिकार हो जाते हैं। गरीबों की हालत तो उस मछली जैसी होती है जिसे पकड़ने के लिए मछेरे चारों तरफ से जाल डालते हैं। मज़हब के नाम पर लोग अपना धंधा जोर-शोर से चलाते हैं। अशोक 'अंजुम' के ये शेर बड़े व्यंग्यपूर्ण हैं—

सच के हिस्से में हैं फ़ाक़े,
झूठ उड़ाये माल कबीरा।
हम मछली, हरओर मछेरे,
फैलाए हैं जाल कबीरा।
बचपन से हक़ माँग कर,
पके हमारे बाल कबीरा।
मज़हब की दूकान खोलकर,
वे हैं मालामाल कबीरा।

आज की सारी व्यवस्था हमारे भीतर एक तरह का भ्रम पैदा करती है। वहाँ कुछ भी नहीं होता, पर लगता है जैसे वहाँ बहुत कुछ है। यह सरासर धोखा नहीं तो और क्या है? आजकल हमें बेकारी और महँगाई ने कहीं का भी नहीं छोड़ा है। यहाँ तो वैसे हर चीज़ महँगी मिलती है अगर सस्ता है तो, केवल आदमी का ख़ून। समकालीन विसंगति पर अशोक अंजुम के ये शेर देखिए—

नज़र में दूर जो दरिया दिखाई देता है
क़रीब जाऊँ तो सहरा दिखाई देता है
उसकी सब डिगरियाँ फ़ाइल में क़ैद हैं कब से,
उसे अब ख़्वाब में रिक्शा दिखाई देता है।
दाम हर चीज़ के हर रोज़ हैं तरक़्क़ी पर,
अब अपना रक्त ही सस्ता दिखाई देता है।

आजकल की हमारी यह सियासत भी इतनी गन्दी और घिनौनी हो गयी है कि क्या कहें? नेता तो नेता लगता ही नहीं पर किसी अखाड़े का पहलवान ज़रूर लगता है। क्या होता है 'सदन' में आजकल! मारा-मारी के सिवा कुछ भी नज़र नहीं आता है। गीदड़ों की तरह लड़ते हैं आपस में। सत्ता को हड़पने के लिए एक दूसरों पर बाज की तरह झपट पड़ते हैं। ऐसी सियासत को हम क्या कहें? बड़ी बेहूदा नज़र आ रही है आज की हमारी सियासत।

वो रहज़नों का भी सरदार निकल आता है।
जो बड़ी देर तक अपना दिखाई देता है।।
सदन में कैसे नज़ारे हैं मारा-मारी के,
अभी तो देखिए क्या-क्या दिखाई देता है।।
ये सियासत के रास्ते बड़े घिनौने हैं।
हटा के देख जो पर्दा दिखाई देता है।।

आसपास की सड़ी-गली व्यवस्था पर करारी चोटें करने वाला यह ग़ज़लकार आशावादी ज़रूर लगता है। उसमें जोश है साहस है। वह खुले आसमान में उड़ान भरना चाहता है। प्यार की बात करना चाहता है। ज़िन्दगी की मुश्किलों से लड़ता चाहता है। उसका तो यही मानना है कि यह हिन्दुस्तान ही मेरे लिए जन्नत है। वह ईश्वर से क्या माँगता है देखिए—

मुझको गर तू उड़ान दे मौला
तो खुला आसमान दे मौला
जंग जीवन की लड़ सकें हँस कर
इतनी बन्दों को जान दे मौला
अपनी जन्नत ये किसी और को दे
मुझको हिन्दुस्तान दे मौला

रामनारायण स्वामी सन् '90 के बाद के एक महत्त्वपूर्ण हिन्दी ग़ज़लकार हैं। उनकी भी पाँच ग़ज़लों को इस संकलन में स्थान दिया गया है। अपनी एक ग़ज़ल में उन्होंने यह स्पष्ट किया है कि आज हर इन्सान मुसीबत में फँसा हुआ है। उसकी इच्छा-आकांक्षा आदि सब समाप्त हो गया है। केवल जीना है इसलिए जीना है। वक़्त भी हमसे कितना बड़ा मज़ाक़ करता है। स्वामी के ये कुछ शेर उदाहरण के लिए दिये जा रहे हैं—

फ़िक्र में फ़न में और फ़िसरत में
हर कहीं आदमी मुसीबत में
ख़्वाहिशों ने तो साथ छोड़ा ही
और अब जान भी है साँसत में

रामनारायण स्वामी ने कहा है कि चारों ओर भीड़ ही भीड़ का माहौल है। पर किसी का किसी से कोई रिश्ता नहीं है।

यूँ सड़क पर चल रहा था गोया वो गोया न था।
रौनक़े बाज़ार में उस शख़्स का हिस्सा न था।
हर कोई इनसानियत के साथ था उस भीड़ में
पर किसी इनसान का इनसान से रिश्ता न था।

सुरेन्द्र चतुर्वेदी की ग़ज़लें ज़िन्दगी की कशमकश को, ज़िन्दगी की असलियत को पेश करती हैं। वे अपनी एक ग़ज़ल में लिखते हैं कि उनके भीतर कई घटनाओं का जलता हुआ जंगल पाया जाता है। अपने भीतर के कोलाहल को भी उन्होंने शेरों के माध्यम से पाठकों तक पहुँचाया है। अपने भीतर की उथल-पुथल को पेश करने वाली उनकी ग़ज़ल के ये कुछ शेर देखिए–

घटनाओं का जलता जंगल तुझमें भी है मुझमें भी
मुद्दत से क़ैदी कोलाहल तुझमें भी है मुझमें भी
सहरा सहरा सपने भटके, सन्नाटों में रात ढले
ज़ज्बों का शायद इक मरुथल तुझमें भी है मुझमें भी

सुरेन्द्र चतुर्वेदी का यह मानना रहा है कि बड़ी मेहनत के बाद भी कुछ हासिल नहीं हुआ। अब तो जैसे उनके पास कुछ भी नहीं बचा है दुवाओं के सिवा। उनके ये दो शेर इस सच्चाई पर रोशनी डालते है–

हाँ, बड़ी धूप में जब मैंने रियाज़त की है
मेरे साये ने मेरे साथ बग़ावत की है
पास कुछ भी नहीं बचा सिर्फ़ दुवाओं के सिवा
वक़्त ने देखिए क्या मुझपे इनायत की है

ग़ज़लकार को मसीहा बनकर जीना नहीं आता। उनकी यह शिकायत है कि उन्हें एक आदमी की तरह कोई समझता क्यों नहीं? एक शेर देखिए–

समझ रहा है मसीहा कभी खुदा मुझको
वो आदमी की तरह काश देखता मुझको

सुरेन्द्र चतुर्वेदी को प्यार में बिछड़ने की बात पर कोई गिला नहीं है। प्रेमिका अगर रिश्ता तोड़ना चाहती है तो ज़रूर तोड़ दे। मगर प्रेमी प्रेमिका को भूलना नहीं चाहता। अब तो प्रेमिका पर यह निर्भर है कि अपने प्रेमी की याद को बनाए रखे या फिर भुला दे।

मेरे ख़याल से जल जाएगा बदन तेरा
बिछड़के मुझसे कभी फिर ना सोचना मुझको
तुझे मैं भूल ना पाऊँ तो कोई बात नहीं
तेरे ये हक़ भें रहेगा कि भूल जा मुझको

हिन्दी ग़ज़ल के क्षेत्र में हरि मौर्य की ग़ज़लों की अपनी विशिष्टता है। वास्तव में डॉ. हरि मौर्य की ग़ज़लें भी यथार्थ स्थिति को अंकित करती हैं। उनकी राय के मुताबिक आज सारा हिन्दुस्तान आहों और कराहों में डूब गया है। कहीं भी सच्चाई का नाम नहीं है। हर तरफ़ बस अफ़वाहों की झड़ी सी लग गई है। डॉ. हरि मौर्य की ग़ज़ल के ये कुछ शेर इस बात पर रोशनी डालते हैं–

डूब गया है मुल्क हमारा आहों और कराहों में
अब तो केवल धुआँ बचा है, बुझते हुए अलावों में
आग लगा दी घर में, पहरेदार नशे में सोये हैं
नई नस्ल भी डूब गयी है लज्जतदार गुनाहों में

आजकल चारों ओर फ़िज़ाओं में एक अजीब तरह की दहशत भर गयी है। हवाओं में भी ज़हर भर गया है। साँस लेना तो जैसे मुश्किल हुआ है। ज़मीं भी काँप रही है। हर किसी की आँखों में एक डर घर कर गया है। अब तो हालत यह है कि घटाओं से जैसे तेज़ाब बरसने लगा है। डॉ. हरि मौर्य की ग़ज़ल के ये शेर बानगी के तौर पर पेश हैं–

दहशत भरी हुई है फ़िज़ाओं में देखिए
कैसा ज़हर घुला है हवाओं में देखिए
बारिश में भीगने का मौसम नहीं रहा
तेज़ाब भर गया है घटाओं में देखिए

हिन्दी ग़ज़ल के क्षेत्र में गोपाल बाबू शर्मा ने महत्त्वपूर्ण कार्य किया है। डॉ. गोपाल बाबू शर्मा की ग़ज़लें सन् '90 के बाद की देश की हालत पर करारा व्यंग्य करती हैं। प्रस्तुत संकलन में उनकी लगभग दस ग़ज़लों को शामिल किया गया है। इसका कारण यह है कि उनकी हर ग़ज़ल आज की स्थिति के बारे में हमें सचेत करती है। नयी दिशाएँ प्रदान करती है। उनकी पहली ग़ज़ल आज के आदमी के आचरण पर व्यंग्य करती है। आज का आदमी कितना अजीब हो गया है। वह सदाचार के बदले दुराचार में व्यस्त है। नफ़रत को बढ़ावा दे रहा है। आज उसका सबकुछ ख़त्म हो गया है। फिर भी वह लापरवाह है। उसे कोई चिन्ता नहीं है। डॉ. शर्मा की ग़ज़लों के कुछ शेर बानगी के तौर पर पेश हैं—

आचरण खो रहा आदमी
निर्वसन हो रहा आदमी
पाप तो और मैले हुए
पुण्य को धो रहा है आदमी
आज सब कुछ लुटा जा रहा
चैन से सो रहा आदमी

आजकल आदमी तो 'आदमी' ही नहीं रह गया है। वह तो अजगर बना हुआ है। यह बुरी बात है। हमने जिनसे अच्छाई की आशा की थी, वे तो बुराई के सौदागर निकले। आजकल बेटियाँ जवान होने के बावजूद भी उन्हें अच्छे वर नहीं मिलते। उनकी भावनाएँ तो जैसे मर जाती हैं। तब कहीं चल कर उनके हाथ पीले हो जाते हैं। पर कितनी बड़ी विडम्बना है यह। आज के अफ़सरों के बारे में क्या कहें? सारे दूसरों की हाँ में हाँ मिलाते हुए नज़र आते हैं। आज की इस गम्भीर स्थिति पर डॉ. शर्मा ने प्रकाश डालने का कार्य किया है। पेश हैं उनके कुछ महत्त्वपूर्ण शेर—

एक क्या दो बार क्या अक्सर मिले
आदमी के रूप में अजगर मिले
बेटियों की भावनाएँ मर गईं
तब कहीं जाकर उन्हें ये वर मिले
रास्ते भर तो रहे महफ़ूज हम
किन्तु ठग हमको हमारे घर मिले

आज चारों ओर सिर्फ़ शोर ही शोर। शहरों में जंगलीपन बढ़ने लगा है। आज हिन्दुस्तान में हर तरफ़ तबाही के सिवा कुछ नज़र नहीं आता है। चारों ओर जैसे

क़ातिल घूमते हुए नज़र आते हैं। शरीफ़ों के लिए यहाँ जीना मुश्किल हुआ है। आज का आदमी पसोपेश में पड़ा हुआ है। उसकी ज़िन्दगी एक मशीन की तरह बनी हुई है। लालच के फेरे में आदमी फ़िसलने लगा है। वह आदमीयत से इतना गिर गया कि उसका क़द ही एकदम छोटा हो गया और आज जब वह अपने आपको आईने में देखता है तो शर्मसार हो जाता है। डॉ. शर्मा के कुछ शेर सचमुच ही सशक्त बन पड़े हैं–

रोशनी गायब रही केवल सियाही है
आज गुलशन में तबाही ही तबाही है
घूमते हैं हर तरफ़ क़ातिल यहाँ
अब शरीफ़ों की गुजर मुश्किल यहाँ
आज गुमसुम-सा खड़ा है आदमी
द्वन्द्व द्विविधा में पड़ा है आदमी
हर तरह से आज क़द छोटा हुआ
अब कहाँ उतना बड़ा है आदमी
आज खुद को आईने में देखकर
शर्म से बेहद गड़ा है आदमी

अखिलेश तिवारी ने अपनी कई ग़ज़लों में अपनी व्यक्तिगत एवं सामाजिक पीड़ाओं को व्यक्त किया है। उनका यह एक शेर लीजिए–

ज़िन्दगी तेरी इबादत के तरफ़दार रहे।
लाजिमी था कि मेरी राह भी दुश्वार रहे॥

अखिलेश तिवारी की ग़ज़लों के कुछ शेर बड़े ही व्यंग्यपूर्ण बन पड़े हैं। यह देखने में आया है कि तमाम यातनाओं के बावजूद भी लोग हँसते-मुस्कराते हुए अपनी उन यातनाओं को भूलने की कोशिश करते हैं।

अब मेरे शहर की रातों का तकाजा ये है
दिल हो नाशाद 'प' मुस्कान असरदार रहे।

कश्मीर में आज जो कुछ हो रहा है, उससे मन में एक दहशत-सी भर जाती है। आतंकवादी अपनी गोलियों से कश्मीर को छलनी कर रहे हैं। वैसे सारा कश्मीर ही सुलग उठा है। लोगों के ज़ज्बात ही जैसे मर चुके हैं। अखिलेश तिवारी के ये शेर पेश हैं–

यूँ सूख ही जाए न ये ज़ज्बात की तफसील
हर चेहरा सुलगता हुआ कश्मीर लगे है
उर बोल रहे, गूँगी हुई पीर लगे है
अब तो यही इस दौर की तस्वीर लगे है

भीड़ में भी आजकल आदमी अपने आपको तन्हा समझता है। तन्हाई को ओढ़ता है और बिछाता है। अकेलेपन की यातना पर अखिलेश तिवारी का यह शेर देखिए–

भीड़ में रहने की क़ीमत ये चुकाई अक्सर
हमने तन्हाई ही बस ओढ़ी बिछाई अक्सर ॥

इनसान की ज़िन्दगी में भटकाव की स्थिति भी आती है। ऐसे में कोई भी उसका साथ देने को तैयार नहीं होता है। फिर उसके दिल में उदासी ही उदासी भर जाती है–

ज़िन्दगी अब तो भटकती है यतीमों की तरह
थामता कोई नहीं उसकी कलाई अक्सर

अखिलेश तिवारी बड़े आशावादी नज़र आते हैं। भले ही ज़िन्दगी में अँधेरा भर गया हो, मगर यही अँधेरा भोर की उस सड़क तक ले जाएगा। उनका यह शेर देखिए–

ज़मीन में दिखे बीज शजर होगा तो
इन्हीं अँधेरों से आग़ाज़े सहर होगा तो
तलाश लेगी हमें बूँद कोई स्वाती की
भले हैं सीप पर हममें ही गुहर होगा तो

अखिलेश तिवारी का यह मानना है कि आज के शोरगुल के माहौल में कोई भी किसी की बात सुनने को तैयार नहीं है। पर अखिलेश को इस बात का यक़ीन है कि उनकी चुप्पी का भी बड़ा असर होगा।

बला का शोर है लेकिन ये भरोसा है मुझे
मेरी ख़मोश सदाओं में अरूर होगा तो

वास्तव में अखिलेश की ग़ज़लों में बार-बार व्यंग्य उभरता हुआ दिखाई देता है। ज़िन्दगी भर जो खुद सँभल नहीं सकते वो दूसरों को सँभलने की सलाह देते हैं। कितनी बड़ी विसंगति है यह।

तमाम उम्र जो बैसाखियाँ न छोड़ सका

करे है वो ही नसीहत मुझे सम्हलने की।

अन्याय-अत्याचार सहने का जमाना अब नहीं रहा। अब तो अन्याय के ख़िलाफ़ बग़ावत करने का वक़्त आया है। यह बागी तेवर अखिलेश की ग़ज़ल के एक शेर में नज़र आता है—

सलीब काँधे पे ढोते गुजर गईं सदियाँ,
नई हो अब कोई सूरत लहू उबलने की।

अखिलेश कभी-कभी एक दार्शनिक की तरह अपनी ग़ज़लों में बात करते हुए नज़र आते हैं। हम कौन हैं? यहाँ हम किसलिए आए हैं? आजकल ये सवाल परेशान कर रहे हैं।

हैं कौन, कहाँ के हैं, यहाँ आए किसलिए,
दिल ये ही सवालात उठाए है इन दिनों।
चलना है मुझे पाँवों के छालों के बावजूद,
आवाज़ कोई दूर बुलाए है इन दिनों।

अखिलेश तिवारी का यह मानना है कि उनके शेर केवल शेर नहीं हैं बल्कि सोच की भट्ठी में जल-भुनकर बाहर आए हैं। उनके शेरों में सोच की तपिश मिल जाती है--

क्यों न हो महसूस तुमको मेरे शेरों में तपिश
भट्ठियों में ज़हन के ये ढल रहे हैं रात-दिन
क़ाफ़िला साँसों का लेकर चल रहे हैं रात-दिन
एक शादाबी की ख़ातिर जल रहे हैं रात-दिन
कर चुकी हैं कत्ल अब तक जाने कितनी ख़्वाहिशें
वक़्त की इस तेग के मक़ाल रहे हैं रात-दिन

श्री मधुवेश की भी पाँच ग़ज़लों को इस संकलन में शामिल किया गया है, जो ज़िन्दगी की भूख-प्यास को दर्शाती हैं। शहर में खलबली मच जाती है। कभी-कभी दंगे भड़कते हैं। ग़ज़लकार ने आँखों देखा हाल बयान किया है।

कौन जाने कब शहर में गोलियाँ चलने लगें
सोचकर कुछ लोग अपनी पोटली के साथ हैं।
नाम सुन दंगाइयों का, हूँ बहुत हैरान मैं

सुन रहा कुछ लोग उनमें इस गली के साथ हैं।

श्री मधुवेश ने अपनी एक अन्य ग़ज़ल में अँधेरे उजाले की बात कही है। अवसरवादी लोगों पर भी व्यंग्य किया है।

कहीं अँधेरा, कहीं उजाला अपनी बस्ती में
सूरज का दस्तूर निराला अपनी बस्ती में

आजकल सरे बाज़ार कोई किसी को लूट लेता है। एक ओर खुशी का जश्न मनाया जाता है तो दूसरी ओर ग़म का माहौल पाया जाता है। जो किनारे पर पहुँचते हैं वे पीछे मुड़कर भी नहीं देखते।

पढ़ी है आपने ऐसी ख़बर अख़बार में कोई
सुना है लुट गया था कल भरे बाज़ार में कोई
किनारा पा गये लोगों ने मुड़कर भी नहीं देखा
न देखा किस कदर लाचार था मँझधार में कोई

हिन्दी ग़ज़ल के विकास में सविता चड्ढा का भी योगदान रहा है। सविता चड्ढा की ग़ज़लों में हमें मानवतावादी विचारधारा के दर्शन होते हैं। शहर में जब हादसा होता है, तो सभी एक-दूसरे से कतराते हैं। किसी के भी चेहरे पर कोई मुस्कान नज़र नहीं आती है। इन्सान में अगर अच्छाई नाम की चीज़ नहीं है, तो वह फिर इन्सान कैसा है। कैसा दौर आया है आजकल इन्सान को इन्सान की पहचान ही नहीं है। एक इन्सान दूसरे इन्सान से नफ़रत करता है। यह बुरी बात है। सविता चड्ढा के ये दो शेर देखिए–

मालूम नहीं शहर में क्या हादसा गुजरा
होठों पे किसी शख़्स के मुस्कान नहीं है
किरदार बनाना है जमाने में बशर को
अच्छा न अगर हो तो वह इन्सान नहीं है

भले ही आँधियों का दौर रहा हो फिर भी ऐसे में कहीं दूर एक चिराग तो जलता ही है। सिर्फ़ वक़्त ही किसे छेड़खानी करता है ऐसी बात तो नहीं है। बल्कि आजकल आदमी ही आदमी को धोखा देता है। सविता की ग़ज़लों में एक तरह का जोश तथा आशावाद नज़र आता है। सितारों की चमक से और बहारों की कलम से वह ज़िन्दगी को सँवारना चाहता है। भले ही दुखों को झेलना पड़े, ग़ज़लदार अपनी

हार नहीं मानता है–

मैं जी हलक नहीं करती कभी ग़म के थपेड़ों से,
मैं बाजी हार कर भी उसको अपनी जीत लिखती हूँ

सविता ने अपने एक शेर में लिखा है कि उनकी ग़ज़लों तथा नगमों में प्यार की ख़ुश्बू भरी हुई है। दिल में एक साज है। जिसके जरिए वह प्यार का नगमा गाती हैं।

मेरे नगमों में उठती है हमेशा प्यार की ख़ुश्बू
जिसे गाते हैं दिल के साज पर वो गीत लिखती हूँ

यह माना कि आँसुओं में एक आग होती है लेकिन वह इस आग में भी मुस्काकर जीना चाहती है।

सभी कहते हैं बहते आँसुओं में आग है कि
मैं तपते आँसुओं को मुस्कराकर शीत लिखती हूँ।

ज़िन्दगी को भरपूर जीने की बात सविता ने की है। माना कि मौत का आना लाज़मी है फिर भी जीने में एक मज़ा है। ज़िन्दगी जैसी भी हो, उसे जीना चाहिए–सविता के ये दो शेर देखिए–

टूटकर डाली से पत्ते गुम कहीं हो जाएँगे
आज है जो साथ कल शायद कहीं खो जाएँगे
किसलिए रहती है 'सविता' तू परेशां इस कदर
ज़िन्दगी है जी इसे, सब एक दिन तो जाएँगे

इधर लक्ष्मण दुबे ने अपनी ग़ज़लों में व्यक्ति और समाज के यथार्थ को प्रस्तुत करते हुए कुछ महत्त्वपूर्ण विचार सामने रखे हैं। अपनी एक ग़ज़ल में उन्होंने शायर और शायरी के आपसी रिश्ते पर रोशनी डाली है।

जब कोई आँसुओं को पोंछने वाला मिला,
देर तक हमसे गले लगकर के रोई शायरी।
दिल जमाने में नहीं लगता किसी का कभी-कभी,
कोई ढूँढ़े मैकदा, करता है कोई शायरी।
हर मुकम्मल सच कहाँ शायर कह पाएगा,
बारहा शब्दों ने 'लक्ष्मण' सिर्फ़ ढोई शायरी।

ग़ज़लकार ने महानगर के यथार्थ पर एक ग़ज़ल कही है। उन्हें इस बात का अफ़सोस है कि वे अपना गाँव छोड़ कर क्यों इस शहर में चले आए। यहाँ क़दम-क़दम पर वक्ती लुटरे मिल जाते हैं। जंगल को छोड़ कर सपेरे इस शहर में बस गये हैं। लक्ष्मण दुबे के ये कुछ महत्त्वपूर्ण शेर देखिए—

साँस के गहने पहनकर मत निकल
फिरते हैं वक्ती लुटेरे शहर में
बारी-बारी सब बिछड़कर चल दिए
अब रहा क्या तेरे शहर में
स्वर्ग जैसे गाँव अपने छोड़कर
क्यों किए तुमने बसेरे शहर में

लक्ष्मण दुबे की ग़ज़लों में दार्शनिकता, निराशा, यातना आदि की सशक्त अभिव्यक्ति हुई है। दार्शनिकता पर उनका यह शेर देखिए—

मैं खुद ही आकाश अगम बन फैल गया
दीवारों पे लगी खिड़कियाँ क्या कीजै।

समाज से शिकायत पर एक और शेर देखिए—

हाल हमारा कभी पूछने आ न सके जो
परबत जितनी बड़ी हस्तियाँ क्या कीजै।

दिल रहित जिस्म पर लक्ष्मण दुबे का यह शेर पेश है—

बिना दिलों के जिस्मों के बंजर देखो
हाडमांस की बस्तियाँ क्या कीजै।

डॉ. रोहिताश्व अस्थाना ने जहाँ प्रेमभाव पूर्ण ग़ज़लें कही हैं, वहाँ उन्होंने सामाजिक समस्याओं को लेकर भी ग़ज़लें कही हैं। इस संकलन में उनकी चार ग़ज़लों को शामिल किया गया है। इनमें से दो ग़ज़लों में सामाजिक यथार्थ मुखरित हुआ है तो अन्य दो ग़ज़लों में प्रेमभाव व्यक्त हुआ है। वास्तव में आज का परिवेश दहशत से भरा हुआ है। जिसके हाथों में ताक़त है, वह दहशत फैलाता है। बड़ी अजीब बात है कि जो ठीक तरह से बोल भी नहीं पाते। ऐसे लोग वकालत करने लगे हैं। आजकल शराफ़त का कोई मोल नहीं रहा है। शराफ़त से पेश आने पर हश्र के सिवा हाथ कुछ नहीं आता है। डॉ. अस्थानाजी के ये कुछ शेर देखिए—

चुनके भेजा था कुछ शरीफ़ों को
हाय फिर भी न उनका बहुमत है
देखकर हश्र कुछ शरीफ़ों का
हमने भी छोड़ दी शराफ़त है
रास आती नहीं हमें दुनिया
जब से बदली यहाँ हुकूमत है

डॉ. अस्थाना ने इस विचार को प्रकट किया है कि ज़िन्दगी बड़ी अजीब चीज़ है। जीने के लिए यहाँ ख़ून के आँसू रोने पड़ते हैं। प्रेम की पीड़ा और अश्रु की धारा के कारण हो ग़ज़ल पैदा होती है। अपना वतन क्या से क्या हो गया। ऐसा लगता है कि जनता जैसे सो गयी है। कुछ शेर देखिए–

प्रेम की पीर अश्रु की धारा
गीत ग़ज़लों के बीज बोती है
क्या से क्या हो गया वतन अपना
भोली जनता यहाँ की सोती है
आ के इक बार देख जाओ तो
वेदना दिल में कहाँ होती है

डॉ. अस्थाना ने प्रेमभाव की व्यंजना की है। इसमें एक तरह की स्वाभाविकता तथा सहजता दृष्टिगोचर होती है। कुछ शेर बानगी के तौर पर–

तुम रेशम रेशम लगती हो
ग़ज़ल की सरगम लगती हो
तुम मेरे उदास आँगन में
पायल की छमछम लगती हो
तुम मेरे मन सिंहासन पर
प्रतिमा सी हर दम लगती हो

हिन्दी ग़ज़लों को चर्चित कराने में डॉ. उर्मिलेश का भी सहयोग रहा है। डॉ. उर्मिलेश ने भी अपने भीतर की तकलीफ़ को ग़ज़लों के माध्यम से पेश किया है। आजकल अपने आसपास की सारी व्यवस्था ही ख़राब हो गयी है। लोग दूसरों की चीज़ों को खींचकर लेते हैं। बाज़ की तरह झपट पड़ते हैं। देखिए उनका यह शेर–

अब कबूतर तलाशें कहाँ
बाज है, चील है सामने

अपने आसपास फैली ग़रीबी पर रोशनी डालते हुए वे लिखते हैं–

अपने घर में दिया भी नहीं
सुर्ख कंदील है सामने

आजकल हर कोई हमें लूटने के लिए तैयार है। चाहे रास्ता हो या बाज़ार हो। इसलिए हमें सम्हल-सम्हल कर चलना चाहिए–

जेब पर हाथ रखकर निकल
देख तहसील है सामने

डॉ. उर्मिलेश ने आदमी की दोहरी चाल पर भी व्यंग्य किया है। आदमी कहता कुछ और है और करता कुछ और है। इस विसंगति का पर्दाफ़ाश किया है डॉ. उर्मिलेश ने।

सब के हिस्से की शराबें उसके घर में कैद हैं
वो उमरखैयाम क्यूँ है, सब हमें मालूम है
ख़ास लोगों में है उसका रोज़ उठना-बैठना
फिर भी दिखता आम क्यूँ है, सब हमें मालूम है
हर किलो मीटर पे अब तो हैं, पुलिस के बैरियर
हर सड़क पर जाम क्यूँ है, सब हमें मालूम है
रात में भी अपना दफ़्तर खोलकर बैठा है वो
जाता तीरथ-धाम क्यूँ है, सब हमें मालूम है

आज की व्यवस्था तो बड़ी भ्रष्ट हो गयी है। रात के अँधेरे में बुरे काम होते रहते हैं। भ्रष्टाचारी दूसरों की मेहनत की कमाई हड़प कर बैठते हैं। दूसरों की बहू-बेटियों के साथ बुरा व्यवहार करते हैं। क्या कारों में घूमने वाले रास्तों पर पैदल चलेंगे। सत्य को छिपाने के लिए तोतले बन जाने का दावा कितना खोखला लगता है। डॉ. उर्मिलेश के ये शेर लीजिए–

जाने कितने मौसमों की मेहनत वो खा गए
खुद ही वो फूले-फले हैं यह सरासर झूठ है
हर बहू को अपनी बेटी की तरह मानेंगे वो

ये उन्हीं के फैसले हैं यह सरासर झूठ है
सच कहना ही नहीं आता उनको दोस्तो
वो जनम से तोतले हैं यह सरासर झूठ है

जब दर्द हद से गुजरता है, तो कुछ कहे बगैर दिल नहीं मानता। तभी शेर अपने आप में बन जाते हैं–

जाने कितने दर्द सहे हैं
तब जाकर कुछ शेर कहे हैं

लोग ऊपर से तो हँसते-मुस्कराते हैं पर भीतर कहीं रोते रहते हैं। इस पर व्यंग्य करते हुए डॉ. उर्मिलेश कहते हैं–

मेरे संग कहकहे लगा कर
सब अपना दुःख भूल रहे हैं

आजकल किसी से दोस्ती का रिश्ता निभाना भी मुश्किल है। क्योंकि आज हर एक के दिल में कहीं न कहीं शक घर कर बैठा है–

कौन करे दोस्ती किसी से
सब के दिल में शक शुबहे हैं

रसूल अहमद 'सागर' उन ग़ज़लकारों में से हैं ज़िन्होंने ज़िन्दगी के यथार्थ को व्याख्यायित करने का प्रयास किया है। इस संकलन में उनकी चार ग़ज़लों को शामिल किया गया है। अपनी पहली ग़ज़ल में ही उन्होंने ज़िन्दगी को परिभाषित किया है। उनका मानना है कि ज़िन्दगी और कुछ नहीं है बल्कि एक तरह का आभास है। दर्द का गीत ही जिन्द़गी है। उनके कुछ शेरों को लीजिए जिनसे यह बात स्पष्ट हो जाती है–

प्यास की दास है ज़िन्दगी
तल्ख आभास है ज़िन्दगी
भाष्य में व्याकरण की तरह
वाक्य-विन्यास है ज़िन्दगी

अपनी एक अन्य ग़ज़ल में 'सागर' साहब ने कुछ महत्त्वपूर्ण विचार प्रस्तुत किये हैं। उनकी राय के मुताबिक वह आदमी ही क्या जो दूसरों की यातनाओं को नहीं

जानता। गीत तो वह, जो पीड़ा से जन्म लेता है। क्या कत्ल करने वाले से प्रश्न का उत्तर मिल जाएगा? देखिए 'सागर' साहब के कुछ शेर—

गीत पीड़ा से जन्म लेता है अकसर
हास्य से तो गीत का रिश्ता नहीं है
दौरे हाजिर से मिलीं उपलब्धियाँ ये
खिलखिलाकर आदमी हँसता नहीं
कत्लगाहों से कुशलता पूछते हो
प्रश्न का उत्तर जहाँ मिलता नहीं

'सागर' साहब ने इस बात पर भी व्यंग्य किया है कि 'एकता' के नाम पर लोग जातिवाद में विभाजित हैं। लोगों की आस्था अब धर्म में नहीं रही। अब तो धन में ही उनकी आस्था दिखाई देती है। आज नेताओं से भलाई की उम्मीद नहीं की जा सकती। जब नेता ही बुराई के कीचड़ में फँस गये हैं तब उनसे भलाई की उम्मीद कैसे करेंगे? एक शेर देखिए—

भलाई की करें उम्मीद क्या इन रहनुमाओं से
बुराई में बैठे हैं जब गांधीजी के बन्दर तक
अमन को बनाये रखने वाले ही जब अमन को
ख़त्म करने पर तुले हैं, तब तो हद हो जाती है

'सागर' साहब का यह शेर लीजिए—

बचें कैसे कि पानी आ गया है सर के ऊपर तक
अमन के खा गये दाने, अमन के ही कबूतर तक

हिन्दी ग़ज़लों के विकास में हस्तीमल हस्ती का भी विशेष योगदान रहा है। हस्तीमल हस्ती की ग़ज़लों में जहाँ व्यक्तिगत पीड़ा के दर्शन होते हैं, वहाँ सामाजिक पीड़ा के भी दर्शन होते हैं। हस्ती इस बात को भली-भाँति जानते हैं कि क्या आम है? और क्या ख़ास है? आजकल आम और ख़ास के दाम भी अलग-अलग निर्धारित हो चुके हैं।

क्या ख़ास, क्या है आम ये मालूम है मुझे
किसके हैं कितने दाम ये मालूम है मुझे

आजकल लोग कहकहे तो लगाते हैं ज़रूर मगर उनके भीतर दर्द छुपा रहता है।

असल में जब तक आदमी के पास कुछ होता है तब तक दूसरे लोग दुआ-सलाम करते हैं। पर जब वह कंगाल हो जाता है, तो कोई पलक उठाकर देखने को तैयार नहीं होता।

रखते हैं कहकहों में छुपाकर उदासियाँ
ये मयकदे तमाम, ये मालूम है मुझे
जब तक हरा-भरा हूँ उसी रोज़ तक है बस
सारे दुआ-सलाम ये मालूम है मुझे।

हस्ती ने एक बड़ी महत्त्वपूर्ण बात कही है। कभी भी आदमी का क़द नहीं देखना चाहिए। उसके क़द से बढ़कर चीज़ है उसका खुश रहना। जैसे पेड़ तो बहुत ऊँचा है, मगर वह साया नहीं देता तो फिर वह किस काम का? भले ही वह छोटा हो, मगर सायादार है तो फिर बात ही निराली है। हस्ती का यह शेर देखिए--

ख़ुशनुमाई देखना ना क़द किसी का देखना।
बात पेड़ों की कभी आये तो साया देखना।।

हस्ती ने अपने एक शेर में एक विचार प्रस्तुत किया है कि लोग अक्सर दूसरों का तमाशा देखने में मज़ा लेते हैं पर खुद का तमाशा कोई देखे, यह बात उसे अच्छी नहीं लगती है। यह बड़ी विसंगति है। इस पर यह शेर देखिए--

देखना आसां है दुनिया का तमाशा साहबान
है बहुत मुश्किल मगर अपना तमाशा देखना।

आज के दौर के एक महत्त्वपूर्ण ग़ज़लकार श्री देवमणि पांडेय की पाँच ग़ज़लें इस संकलन में शामिल हैं। इन पाँचों ग़ज़लों का गहरायी से अध्ययन करने के बाद यह स्पष्ट हो जाता है कि देवमणि की ग़ज़लें व्यक्ति और समाज के दर्द का बयान लेकर हमारे समक्ष उपस्थित हो जाती हैं। ग़ज़लकार को इस बात का दुःख है कि उसे मनचाही ज़िन्दगी जीने का मौक़ा नहीं मिल पाया। मुंबई एक ऐसा शहर है जहाँ कहीं भी और कभी भी दंगा भड़क सकता है। ख़ून ख़राबा हो सकता है। इस स्थिति पर देवमणि के ये व्यंग्यपूर्ण शेर पेश हैं--

चमन को फूल घटाओं को इक नदी मिलती।
हमें भी काश कभी अपनी ज़िन्दगी मिलती।।
जिधर भी देखिए दामन है तर बतर सबका
कभी तो दर्द की बारिश में कुछ कमी मिलती।।

ग़ज़लकार को इस बात का भी दुःख है कि उसे कभी कोई ख़ुशी ही नहीं मिली। ज़िन्दगी के सफ़र में कहीं कोई छाँव भी नहीं मिली। देखिए उनके ये दो शेर–

जले जो पाँव सफ़र में तो ये दुआ माँगी
कहाँ तो छाँव दरख़्तों की घनी मिलती
न जिसके बाद ख़ुशी की कभी तलब होती
बस एक बार तो ऐसी कोई ख़ुशी मिलती

यह तो सच है कि ज़िन्दगी कितनी भी दुश्वार हो जीना तो पड़ता ही है। जीने के लिए कभी-कभी ज़हर भी पीना पड़ता है। कितनी अजीब हालत है देखिए। अपनों की तो भीड़ है चारों ओर पर कोई अपना नहीं है। दुनिया ने जो ज़ख़्म दिया है, उसे ख़ुद को ही ठीक करना होगा। नफ़रत का माहौल तो इतना फैला है कि उसमें कहीं भी प्यार का कोई नामोनिशां भी नहीं है। देवमणि के ये कुछ मार्मिक शेर पेश हैं–

कितना भी मुश्किल हो लेकिन जीना है तो जीना है
लाख ज़िन्दगी ज़हर हो हमको हँसते-हँसते पीना है
भीड़ है हरसू अपनों की पर कोई हमदर्द नहीं
ज़ख़्म दिया है जो दुनिया ने अपने हाथों सीना है
नफ़रत का तो चढ़ता दरिया प्यार का साहिल कोसों दूर है
वक्त के हाथों में पतवारें अपने पास सफीना है

देवमणि अपनी ग़ज़लों में साम्प्रदायिक सद्भाव की बात करते हुए नज़र आते हैं।

दीन-धरम को हम क्या जानें हम तो जानें दिल की बात
प्यार छुपा है जहाँ वहीं पर मथुरा और मदीना है

अपनी ग़ज़ल के एक शेर में उन्होंने मुंबई को 'कत्लगाह' कहा है और यह सच भी है क्योंकि आये दिन इस शहर में इतनी हत्याएँ होती हैं कि कुछ समझ में नहीं आता। अपने इस लहूलुहान शहर को देखकर उनका दिल तड़प उठता है–

ये मेरा शहर है यारो कि कत्लगाह कोई
कदम-कदम पे लहू के यहाँ निशान मिले

देवमणि पांडेय ने अपनी यातनाओं का खुलकर बयान किया है। कितनी मुश्किलों में यहाँ जीना पड़ता है। आज का यह लहूलुहान मंजर देखकर ग़ज़लकार तड़प उठता है–

इस तरह कुछ आजकल अपना मुकद्दर हो गया
सर को चादर से ढका तो पाँव बाहर हो गया
दर्द में डूबा सवेरा, तरबतर अश्कों से शाम
अब तो जीवन यातनाओं से भरा घर हो गया
थी जहाँ फूलों की रौनक, ख़ून का दरिया वहाँ
क्या उम्मीदें थीं चमन से, क्या ये मंजर हो गया

मुंबई शहर में आजकल आगजनी और पथराव का दौर तो चलता ही रहता है। नफ़रत की आँधी कब अपना करिश्मा दिखाएगी इस बात का कोई भरोसा नहीं। इसलिए ग़ज़लकार उम्मीद रखता है कि इस शहर पर अब प्यार के बादल बरसने चाहिए। देवमणि के कुछ शेर बानगी के तौर पर देखिए—

कब ऐसा सोचा था मैंने मौसम भी छल जाएगा
सावन-भादों की रुत होगी, घर मेरा गल जाएगा
बरसों बाद चमन में दिल की उम्मीदों के फूल खिले
किसे पता था आज उन्हीं पर पत्थर भी चल जाएगा
नफ़रत की पागल चिंगारी फूँक चुकी घर कितनों के
अब जो न बरसा प्यार का बादल सारा शहर जल जाएगा

(आ) वर्तमान दशक की हिन्दी ग़ज़ल का शिल्प-विधान

1990 के बाद की हिन्दी ग़ज़ल में शिल्प की दृष्टि से एक निखार-सा आया हुआ है। यह निखार कई स्तरों पर देखा जा सकता है। जैसे भाषा के स्तर पर, प्रतीकों के स्तर पर, बिम्ब के स्तर पर, अलंकार के स्तर पर तथा छन्द के स्तर पर भी। सबसे पहले यहाँ हम 1990 के बाद की हिन्दी ग़ज़ल की भाषा की बात करते हैं। इस संकलन की ग़ज़लों का भाषिक अध्ययन करने से कई बातें उभरकर सामने आ जाती हैं।

स्वाभाविकता—इस संकलन में सम्मिलित ग़ज़लों की भाषा का प्रधान गुण है उसकी स्वाभाविकता। इन ग़ज़लों को पढ़ते हुए कहीं ऐसा नहीं लगता कि सम्प्रेषण में कहीं कोई रुकावट आ पाई है। अत्यन्त सहज रूप से ग़ज़लकारों ने सुरम्य एवं सुगम भाषा का स्वाभाविकता के साथ प्रयोग किया है। इसलिए इन ग़ज़लों में व्यक्त भावनाएँ एवं विचार पाठकों को तुरन्त प्रभावित करते हैं। स्वाभाविकता की दृष्टि से डॉ. कुँअर बेचैन की ग़ज़ल के शेरों को देखिए—

ज़िन्दगी की राहों में, खुशबुओं के घर रखना।
आँख में नई मंज़िल, पाँव में सफ़र रखना।

दाग़ सिर्फ़ औरों के, देखने से क्या हासिल,
अपना आईना है तू, खुद पे भी नज़र रखना।

डॉ. देवमणि पांडेय की ग़ज़ल के ये अन्य दो शेर प्रस्तुत हैं, जिनकी स्वाभाविकता देखने योग्य है–

कब ऐसा सोचा था मैंने, मौसम भी छल जाएगा।
सावन-भादों की रुत होगी, घर मेरा गल जाएगा।
नफ़रत की पागल चिंगारी फूँक चुकी घर कितनों के
अब जो न बरसा प्यार का बादल सारा शहर जल जाएगा।

सुरेन्द्र चतुर्वेदी की ग़ज़लों के ये दो शेर देखिए जिनमें सहजता है–

दिलों में आप जो रंजिश छिपाके रखते हैं।
कहीं कपास में आतिश छिपाके रखते हैं।
समझ रहा है मसीहा कभी ख़ुदा मुझको।
वो आदमी की तरह काश देखता मुझको।

प्रभावात्मकता–भाषा का दूसरा गुण उसकी प्रभावात्मकता है। सन् '90 के बाद की हिन्दी ग़ज़ल की भाषा में प्रभावात्मकता विशेष रूप से पायी जाती है। कुछ ग़ज़लकारों के शेर तो इतने प्रभावशाली बन पड़े हैं कि उन्हें हम आसानी से भूल ही नहीं सकते।

आदमी में आदमीयत का असर पैदा करें।
प्यार की ख़ुश्बू से महके वह जिगर पैदा करें।
जिस पर चल कर हम वहाँ पहुँचे जहाँ अम्न हो
आओ मिलकर यार अब ऐसी डगर पैदा करें।

–अशोक 'अंजुम'

भावात्मकता–भाषा का एक और गुण है उसका भावात्मक होना। '90 के बाद की हिन्दी ग़ज़लों में इसी भावात्मकता के दर्शन होते हैं। भावपूर्ण ग़ज़लें पाठकों के दिलों में तुरन्त उतरती हैं। दो शेर देखिए–

पिंजरे बिन परिन्दे पालना कठिन तो है
दिल को भी प्यार बिन सँभालना कठिन तो है

–डॉ. कुँअर बेचैन

अपने अश्कों से बना लेती हैं ये
एक जंगल को भी उपवन बेटियाँ

—डॉ. कुँअर बेचैन

प्रौढ़ता—प्रौढ़ता का गुण भाषा में होना आवश्यक है। विचारों में जब प्रौढ़ता आती है, तब उन ग़ज़लों का सुनने वालों पर गहरा प्रभाव पड़ता है। उदाहरण के लिए शेर देखिए—

उनकी मुट्ठी में जो दाने आये
वे कबूतर को फँसाने आये
वे जो कल तक थे खरीदार यहाँ
अपनी दूकान लगाने आये

व्यंग्यात्मकता— '90 के बाद की तमाम हिन्दी ग़ज़लों का स्वर व्यंग्य प्रधान बन गया है। समाज की विसंगतियों और विद्रूपताओं पर व्यंग्य किया गया है। इसलिए भाषा में व्यंग्य का पुट अधिक मिलता है।

पहली दफा तो संग में सीता भी थीं, लखन भी,
अब के न कोई होगा, निकले जो राम जंगल।

—सूर्यभानु गुप्त

यह मरुस्थल है, यहाँ दो घूँट जल माँगा न कर
शूलवन से बावरे! तू फूल-फल माँगा न कर
यक्ष प्रश्नों के सही उत्तर दिये बिन, ज़िन्दगी
तू सुखों के ताल से कोई कमल माँगा न कर

—डॉ. कुँअर बेचैन

आदर्शों का स्खलन, चढ़े हैं ऊँचे मूल्य अनीति के
अवमूल्यन ही किया गया है, अधिमूल्यन के नाम पर

—चन्द्रसेन विराट

बिना दिलों के जिस्मों के बंजर देखो
हाड़मांस की बसी बस्तियाँ क्या कीजै

—लक्ष्मण दूबे

अरबी-फ़ारसी-उर्दू शब्दावली का प्रयोग—प्रस्तुत संकलन की ग़ज़लों की

भाषा में अरबी-फ़ारसी-उर्दू शब्दावली का बड़ा ही सहज प्रयोग हुआ है। इससे भाषा में ताज़गी-सी महसूस होती है। ग़ज़लों के कुछ शेरों को यहाँ प्रस्तुत किया जा रहा है। जिसमें अरबी-फ़ारसी-उर्दू के शब्दों का सार्थक प्रयोग हुआ है।

ज़िन्दगी की राहों में, ख़ुशबुओं के घर रखना।
आँख में नई मंज़िल, पाँव में सफ़र रखना।

—कुँअर बेचैन

रिश्तों का पानी पल में ही बन जाएगा ज़हर
परदा हया का ऐसे हटाते नहीं कभी।

—लक्ष्मण दूबे

बला का शोर है लेकिन ये भरोसा है मुझे
मेरी ख़ामोश सदाओं में असर होगा तो।

—अखिलेश तिवारी

जिनका पेशा ही जहाज़ों को डुबो देना था,
मेरी कश्ती को वही लोग बचाने आये।

—नूर मुहम्मद 'नूर'

जख़्म तो रूह की तहों में थे,
जिस्म को इत्मिनान क्या देते।

—सूर्यभानु गुप्त

मुश्किलों के दरमियाँ बढ़ते रहे जिसके क़दम
वो जमाने की निगाहों में सिकन्दर हो गया।

—देवमणि पांडेय

इन शेरों में प्रयुक्त अरबी-फ़ारसी के शब्दों का यह विभाजन देखिए—

ज़िन्दगी—फ़ारसी
राह—फ़ारसी
ख़ुशबू—फ़ारसी
मंज़िल—अरबी
सफ़र—अरबी
रिश्ता—फ़ारसी

ज़हर–फ़ारसी
परदा–फ़ारसी
हया–अरबी
बला–अरबी
शोर–फ़ारसी
ख़ामोश–फ़ारसी
सदा–अरबी
असर– अरबी
पेशा–फ़ारसी
कश्ती–फ़ारसी
ज़ख़्म–फ़ारसी
रूह–अरबी
तह–फ़ारसी
जिस्म–अरबी
इत्मिनान–अरबी
दरमियान–फ़ारसी
निगाह–फ़ारसी
सिकन्दर–फ़ारसी

शुद्ध हिन्दी शब्दों का प्रयोग–इस संकलन की ग़ज़लों में कहीं-कहीं पर शुद्ध हिन्दी शब्दों का प्रयोग किया गया है। यही कारण है कि भाषा में सहजता के साथ आकर्षण भी पैदा हुआ है। हिन्दी ग़ज़लों के कुछ शेर लीजिए–

आज कोलाहल जिधर देखो उधर
घात बाहर से अधिक भीतर मुखर

–गोपाल बाबू शर्मा

जंगलीपन छा गया चारों तरफ़
एक जंगल बन गया मेरा शहर

–गोपाल बाबू शर्मा

आग थी, धुआँ था, जंगल की लाश थी,
इक खलबली मची थी परिन्दे किधर गये।

–हरि मौर्य

आपस में पेड़ लड़ते, सौ तरह से झगड़ते,
अपनी ही आग पहने रह-रह के आम जंगल।

—सूर्यभानु गुप्त

जब बूँद ओस की गिरी तो फूल खिल उठे,
खुद गिर के और को सँभालना कठिन तो है।

—डॉ. कुँअर बेचैन

सिर्फ़ छाँव में रहकर फूल भी नहीं खिलते।
चाँदनी से मिलकर भी, धूप की ख़बर रखना।

—डॉ. कुँअर बेचैन

कोलाहल—संस्कृत
जंगलीपन—हिन्दी
आग—हिन्दी
खलबली—हिन्दी
घात—हिन्दी
पेड़—हिन्दी
बूँद—हिन्दी
फूल—हिन्दी
चाँदनी—हिन्दी
छाँव—हिन्दी

संस्कृतनिष्ठ शब्दावली का प्रयोग—इस संकलन में कुछ ऐसे ग़ज़लकारों की ग़ज़लें भी शामिल हैं जिन्होंने अपनी ग़ज़लों में संस्कृतनिष्ठ शब्दावली का भी ख़ूब प्रयोग किया है। उदाहरण के लिए ये कुछ शेर देखिए—

कई प्रतिष्ठित लेखक हैं जो जीवित ही खुद प्रेत हैं
धन के हेतु घिनौना लिक्खा उदर-भरण के नाम पर
परजीवी वे रहे, शुरू से, पले हमारा रक्त पी
किया शुद्ध शोषण ही केवल बस पोषण के नाम पर

—चन्द्रसेन विराट

वे प्रतिबद्ध शिविर वाले थे, कैसे हमें सराहते
अनदेखी कर गये समीक्षक मूल्यांकन के नाम पर।

—चन्द्रसेन विराट

तुम मेरे मन-सिंहासन पर
प्रतिमा सी हर दम लगती हो।

—रोहिताश्व अस्थाना

मेरे जीवन के अम्बर पर
तुम पूनम-पूनम लगती हो।

—रोहिताश्व अस्थाना

मन विहग के लिए सर्वदा,
स्वच्छ आकाश है ज़िन्दगी।

—रसूल अहमद 'सागर'

द्वन्द्व को मत समर्पित करो
इक महारास है ज़िन्दगी

—रसूल अहमद 'सागर'

लगन हो, आस्था हो, प्रेम हो, विश्वास हो दिल में,
ख़ुदा बनते नज़र आयेंगे तुमको यार पत्थर तक।

—रसूल अहमद 'सागर'

इन शेरों में जो संस्कृतनिष्ठ शब्द हैं, वे इस प्रकार हैं—

प्रतिष्ठित, जीवित, प्रेत, धन, हेतु, उदर-भरण, परजीवी, रक्त, शोषण, पोषण, प्रतिबद्ध, शिविर, समीक्षक, मूल्यांकन, मन, सिंहासन, प्रतिमा, जीवन, अम्बर, विहग, सर्वदा, स्वच्छ, आकाश, द्वन्द्व, समर्पित, महारास, आस्था, प्रेम, विश्वास आदि।

मुहावरों का प्रयोग—इस संकलन की ग़ज़लों का अध्ययन करने से स्पष्ट होता है कि इनमें विविध प्रकार के मुहावरों एवं कहावतों का सुन्दर प्रयोग हुआ है।

रूठ जाना—

कवि के कवित्व में क्यों न अवतीर्ण हो रहा,
रस रूठ गया है, तो मनाना ही पड़ेगा।

—डॉ. कुँअर बेचैन

मुकर जाना—

उस्ताद पलटने में, हर बार चतुरता से
कह कर मुकर रहे हैं, उनकी बड़ी कृपा है

—चन्द्रसेन विराट

पर कतरना–

छू लें कहीं न नभ को, कुछ तरुण पंछियों के,
वे पर कतर रहे हैं, उनकी बड़ी कृपा है।

–चन्द्रसेन विराट

हमदर्दी दिखाना–

सिर्फ़ हमदर्दी दिखाते हैं
लोग तो ऐसे निरे हैं।

–गोपाल बाबू शर्मा

होश ठिकाने आना–

जब मुझे राह दिखाने कई काने आए,
तब कहीं जाके मेरे होश ठिकाने आए।

–नूर मुहम्मद 'नूर'

शिकायत करना–

आग और पानी में गहरी छन रही है आजकल
आग की पानी से मत करना शिकायत साबजी

–अशोक 'अंजुम'

जाल फैलाना–

हम मछली, हर ओर मछेरे,
फैलाये हैं जाल कबीरा

–अशोक 'अंजुम'

खाल खिंचना–

मीठी वाणी बोल रहे थे,
खिंची हमारी खाल कबीरा।

–अशोक 'अंजुम'

परदा डालना–

आपत्तियाँ निरस्त करा दीं, परदा डाला ग़बनों पर।
दफ़न किए घोटाले कितने अंकेक्षण के नाम पर।

–चन्द्रसेन विराट

अनदेखी करना–

वे प्रतिबद्ध शिविर वाले थे, कैसे हमें सराहते,
अनदेखी कर गये समीक्षक मूल्यांकन के नाम पर।

–चन्द्रसेन विराट

गंगा में नहाना–

बैठ बहते हुए शवों पर लो,
कौए गंगा में नहाने आये।

–चन्द्रसेन विराट

आँखें दिखाना–

आँख भी जो न मिला पाते थे,
आँख वे हमको दिखाने आये।

–चन्द्रसेन विराट

जी हुज़ूरी करना–

काम से क्या रह गया अब वास्ता,
जी हुज़ूरी चाहते अफ़सर मिले।

–गोपाल बाबू शर्मा

कहकहे लगाना–

मेरे संग कहकहे लगाकर,
सब अपना दुःख भूल रहे हैं।

–डॉ. उर्मिलेश

दम तोड़ना–

उसी दौरान फरियादी कई दम तोड़ बैठे थे,
मनाया जा रहा था जश्न जब दरबार में कोई।

–मधुवेश

ठहाका लगाना–

सामने दिखता नहीं ठगिया हमें यों तो,
हाँ, कोई भीतर ठहाका-सा लगाता है।

–रामकुमार कृषक

विभिन्न प्रतीकों का प्रयोग—प्रस्तुत संकलन की ग़ज़लों में विविध प्रकार के प्रतीकों का बड़ा ही सार्थक प्रयोग किया गया है। प्रतीकों के माध्यम से ग़ज़लकारों ने अपनी भावनाओं तथा विचारों को पाठकों के सामने व्यक्त किया है। उदाहरण के लिए यहाँ कुछ प्रतीकों को प्रस्तुत किया रहा है—

मरुस्थल का प्रतीक—

यह मरुस्थल है, यहाँ दो घूँट जल माँगा न कर,
शूलवन से बावरे! तू फूल-फल माँगा न कर।

—चन्द्रसेन विराट

अहिल्या का प्रतीक—

ज़िन्दगी को तो है अहिल्या पर शिला,
राम बिन वह शापमय है क्या करें।

—चन्द्रसेन विराट

कबूतर का प्रतीक—

उनकी मुट्ठी में जो दाने आये
वे कबूतर को फँसाने आए।

—चन्द्रसेन विराट

शंकर का प्रतीक—

चल पियें अपने हिस्से का हम ज़हर,
अब तो मुश्किल ही कोई शंकर मिले।

कफ़स का प्रतीक—

लीजिए उनसे भी सुनिए आसमानों पर बयान
जो कफ़स के सीखचों में पल रहे हैं रात-दिन।

—अखिलेश तिवारी

परिन्दे का प्रतीक—

जब परिन्दे नशेमन सजाने लगे
बिजलियों के अधर मुस्काने लगे।

—अखिलेश तिवारी

सुकरात का प्रतीक–

भूल से ज़हर क्या पी लिया,
लोग सुकरात होते गये।

–डॉ. उर्मिलेश

नक़ाब का प्रतीक–

किसी की तह में कहीं भी न कोई चेहरा है,
नक़ाब ही हैं फ़कत हर कहीं नक़ाबों में।

–नूर मुहम्मद 'नूर'

तेज़ाब का प्रतीक–

बारिश में भीगने का मौसम नहीं रहा,
तेज़ाब भर गया है घटाओं में देखिए।

–हरि मौर्य

तितली का प्रतीक–

तलवार ले के आए थे तूफ़ान उठाने,
कुछ न हुआ तो तितलियों के पर कतर गये।

–हरि मौर्य

मथुरा और मदीना का प्रतीक–

दीन धरम की हम क्या जानें हम तो जानें दिल की बात,
प्यार छुपा है जहाँ वहीं पर मथुरा और मदीना है।

–देवमणि पांडेय

इसी प्रकार वर्तमान दशक की हिन्दी ग़ज़ल का शिल्प-विधान पर्याप्त मात्रा में अपनी मौलिकता लिए हुए है। बिम्ब, छन्द एवं अलंकारों की दृष्टि से भी उसमें निखार-सा आया हुआ प्रतीत होता है।

हिन्दी के
कुछ प्रतिनिधि ग़ज़लकारों
की ग़ज़लें

गोपालदास 'नीरज'

खुशबू सी आ रही है इधर ज़ाफ़रान की
खिड़की खुली है ग़ालिबन उनके मकान की।

हारे हुए परिन्दे ज़रा उड़के देख तो
आ जाएगी ज़मीन प छत आसमान की।

बुझ जाए सरे शाम ही जैसे कोई चिराग़।
कुछ यूँ है शुरुआत मेरी दास्तान की।

ज्यों लूट लें कहार ही दुलहिन की पालकी
हालत यही है आजकल हिन्दोस्तान की।

औरों के घर की धूप उसे क्यों पसन्द हो
बेची हो जिसने रोशनी अपने मकान की।

जुल्फ़ों के पेचोख़म में उसे मत तलाशिये
ये शायरी ज़ुबां है किसी बेज़ुबान की।

नीरज से बढ़के और धनी कौन है यहाँ
उसके हृदय में पीर है सारे जहान की।

अबके सावन में शरारत ये मेरे साथ हुई
मेरा घर छोड़के कुल शहर में बरसात हुई।

आप मत पूछिये क्या हम प सफ़र में गुज़री
था लुटेरों का जहाँ गाँव, वहीं रात हुई।

जिन्दगी भर तो हुई गुफ़्तगू ग़ैरों से मगर
आज तक हमसे हमारी न मुलाक़ात हुई।

हर गलत काम पर टोका है किसी ने मुझको
एक आवाज़ तेरी जब से मेरे साथ हुई।

मैंने सोचा कि मेरे देश की हालत क्या है
एक क़ातिल से तभी मेरी मुलाक़ात हुई।

अब तो मज़हब कोई ऐसा भी चलाया जाए
जिसमें इनसान को इन्सान बनाया जाए।

आग बहती है यहाँ गंगा में झेलम में भी
कोई बतलाये कहाँ जाके नहाया जाए।

मेरा मक़सद है ये मेहफ़िल रहे रोशन यूँ ही
ख़ून चाहे मेरा दीपों में जलाया जाए।

मेरे दुख-दर्द का तुझ पर हो असर कुछ ऐसा
मैं रहूँ भूखा तो तुझसे भी न खाया जाए।

जिस्म दो होके भी दिल एक हो अपने ऐसे
मेरा आँसू तेरी पलकों से उठाया जाए।

गीत गुमसुम हैं, ग़ज़ल चुप है, रुबाई है दुखी
ऐसे माहौल में नीरज को बुलाया जाए।

हम तेरी चाह में ऐ यार वहाँ तक पहुँचे।
होश ये भी न जहाँ है कि कहाँ तक पहुँचे।

इतना मालूम है ख़ामोश है सारी महफ़िल
पर न मालूम ये ख़ामोशी कहाँ तक पहुँचे।

वो न ज्ञानी, न वो ध्यानी, न बिरहमन, न वो शेख़
वो कोई और थे जो तेरे मकां तक पहुँचे।

इक सदी तक न वहाँ पहुँचेगी दुनिया सारी
एक ही घूँट में मस्ताने जहाँ तक पहुँचे।

एक इस आस प अब तक है मेरी बन्द जुबां।
कल को शायद मेरी आवाज़ वहाँ तक पहुँचे।

चाँद को छूके चले आये हैं विज्ञान के पंख
देखना ये है कि इन्सान कहाँ तक पहुँचे।

कुँअर बेचैन

ज़िन्दगी की राहों में, खुशबुओं के घर रखना
आँख में नयी मंज़िल, पाँव में सफ़र रखना

सिर्फ़ छाँव में रहकर फूल भी नहीं खिलते
चाँदनी से मिल कर भी, धूप की ख़बर रखना

दाग सिर्फ़ औरों के, देखने से क्या हासिल
अपना आईना है तू, खुद पे भी नज़र रखना

लोग जन्म लेते ही, पंख काट देते हैं
हैं बहुत-बहुत मुश्किल, बाजुओं में पर रखना

ये न हो कि तेरे ये, शब्द अर्थ खो बैठें
ऐ 'कुँअर' तू सच कहकर, बात में असर रखना

फूल को ख़ार बनाने पे तुली है दुनिया
दिल को बीमार बनाने पे तुली है दुनिया

मैं महकती हुई मिट्टी हूँ किसी आँगन की
मुझको दीवार बनाने पे तुली है दुनिया

हमने लोहे को गला कर जो खिलौने ढाले
उनको हथियार बनाने पे तुली है दुनिया

क्या मुझे ज़ख़्म नये दे के अभी जी न भरा
क्यूँ मुझे यार बनाने पे तुली है दुनिया

नन्हे बच्चों से 'कुँअर' छीन के भोला बचपन
उनको हुशियार बनाने पे तुली है दुनिया

पिंजरे बिन परिन्दे पालना कठिन तो है
दिल को भी प्यार बिन सँभालना कठिन तो है

अपनी बुराइयों को कौन देखता है अब
पत्थर को खुद पे ही उछालना कठिन तो है

मैं वो हूँ जिसने उसको अपने रंग में रँग लिया
चलती हवा पे रंग डालना कठिन तो है

जब बूँद ओस की गिरी तो फूल खिल उठे
खुद गिर के और को सँभालना कठिन तो है

दुनिया की इश्क से रही है दुश्मनी 'कुँअर'
यों आँधियों में दीप बालना कठिन तो है

जंगलों को आदमी से आज ख़तरे हैं बहुत
शहर तो बसते गये पर पेड़ उजड़े हैं बहुत

दिन के आते ही कहीं खो जाएगी उनकी चमक
रात में जुगनू इन आँखों ने जो पकड़े हैं बहुत

सोचता हूँ अब परिन्दे घर बनायेंगे कहाँ
अब के अन्धी आँधियों में पेड़ उखड़े हैं बहुत

इश्क की बस्ती में बसे इन दो को डर लगता नहीं
इक जो पहली बार गुजरे और जो गुजरे हैं बहुत

दिल में अकसर उनके ही कालिख 'कुँअर' देखी गयी
लोग वो जो दीखने में साफ़-सुथरे हैं बहुत

छोड़ जाएँगी ये आँगन बेटियाँ
इक पराये घर का हैं धन बेटियाँ

सामने आई तो याद आ जाएगा
हैं बड़े-बूढ़ों का बचपन बेटियाँ

अपने अश्कों से, बना लेती हैं ये
एक जंगल को भी उपवन बेटियाँ

खुश्क रेगिस्तान-सी है ज़िन्दगी
और रिमझिम मस्त सावन बेटियाँ

जन्म से ही साथ लाती हैं 'कुँअर'
फूल-सा तन, मोम-सा मन बेटियाँ

चन्द्रसेन विराट

बुद्धि तो मिलती यहाँ लेकिन हृदय मिलता नहीं
पूर्ण संवेदन-सहित रस भावमय मिलता नहीं

कौन है सिद्धार्थ आहत हंस को जो गोद ले
क्रूर मिल जाते बहुत, लेकिन सदय मिलता नहीं

ताक में ही जल बुझेंगे रात में कितने दिये
सूर्य बन जाते, मगर उनको उदय मिलता नहीं

ओ हिरन! तू खोज मत मरुभूमि में पानी कभी
वासना मिलती यहाँ सच्चा प्रणय मिलता नहीं

पेड़ जिस पर था बसेरा दोपहर तक कट गया
शाम को लौटा परिन्दा, तो निलय मिलता नहीं

मलयगिरि पर शेष मानव-मूल्य का चन्दन न अब
गन्धहीना ज़िन्दगी, सुरभित मलय मिलता नहीं

वे न आयेंगे कलाओं! अब प्रतीक्षा व्यर्थ है
वे बहुत हैं व्यस्त, सत्ता से समय मिलता नहीं

आज भी अव्यक्त कितनी मानवी संवेदना
कौन कहता है कि गीतों को विषय मिलता नहीं

हिंस्र पशु से क्या इतर है इस सदी का आदमी
आदमी क्या जानवर है इस सदी का आदमी

आदमी के ख़ून से अपना नरक रचता हुआ
ख़ून में खुद तर-बतर है इस सदी का आदमी

कालवन में शेष पाषाणी, पुरुष का आखरी
एक भुतहा खँडहर है इस सदी का आदमी

आदमी! तू बच कि तेरी मौत इससे ही न हो
हाँ, बड़ा मीठा ज़हर है इस सदी का आदमी

अर्ध राक्षस है, अधूरा देवता भी. मानता
स्वयं को ईश्वर ऊपर है, इस सदी का आदमी

सोचता रह जायगा वह द्वार पर आ जाएगी
नव सदी से बेख़बर है, इस सदी का आदमी

फिर महाभारत-कथा की त्रासदी शायद रचे
शठ शकुनि का प्रेत भर है, इस सदी का आदमी

वह अभी सुधरा नहीं लेकिन निराशा किसलिए
उस सदी से बेहतर है इस सदी का आदमी

अगली सभा में प्रश्न उठाना ही पड़ेगा
वे दिन में सो रहे हैं, जगाना ही पड़ेगा

मल्हार कोई बाद में गाये कि न गाये
मुझको तो दीप राग सुनाना ही पड़ेगा

उस आम आदमी की रसोई पे आज भी
निर्लज्ज अतिक्रमण है, हटाना ही पड़ेगा

अन्याय के विरुद्ध बग़ावत का ध्वज मुझे
कोई न उठाये, तो उठाना ही पड़ेगा

निज सांस्कृतिक सृजन है दिग्भ्रान्त अब, उसे
दिग्बोध ठीक-ठीक कराना ही पड़ेगा

अपदस्थ रहा गीत, उसे काव्य-कक्ष में
सम्मानपूर्ण स्थान दिलाना ही पड़ेगा

इन्द्रासनों को शक्ति तपस्या की, बृहस्पति
अब आ गया समय है, दिखाना ही पड़ेगा

कवि के कवित्व में न क्यों अवतीर्ण हो रहा
रस रूठ गया है, तो मनाना ही पड़ेगा

यह मरुस्थल है, यहाँ दो घूँट जल माँगा न कर
शूलवन से बावरे! तू फूल-फल माँगा न कर

यक्ष-प्रश्नों के सही उत्तर दिये बिन ज़िन्दगी
तू सुखों के ताल से कोई कमल माँगा न कर

काँच की आँखें शहर में और पत्थर के हृदय
अब यहाँ मिलते न आँसू, लौट चल, माँगा न कर

हो सके यदि झोंपड़ी! तो स्वप्न ही मत देख तू
स्वप्न में भी स्वप्न वाला जल-महल माँगा न कर

जो कि जैसे दीखते, बिलकुल वही होते नहीं
जो नकल हैं खुद, उन्हीं से तू असल माँगा न कर

मैं तुझी-सा हूँ उपेक्षित माफ़ कर प्रतिभे! मुझे
आत्महत्या के लिए मुझसे गरल माँगा न कर

जोड़ता कोई नहीं है, तब घटाते हैं यहाँ
शून्य पायेगा किसी से योगफल माँगा न कर

सिर्फ़ गीले नयन देंगे, ध्यान रख रूखे अधर
हर किसी से तू यहाँ गाली ग़ज़ल माँगा न कर

यहाँ आधुनिकता बिकती है, नव फैशन के नाम पर
तुलसी फेंक खरीदी कैक्टस, अधुनातन के नाम पर

मछलीघर के संरक्षक हैं, बूढ़े बगुले आजकल
सेंध लगाई कोषालय में, संरक्षण के नाम पर

घोर विपर्यय! जो विकास था वह विनाश ही कर गया
अवरोहण भोगना पड़ा है आरोहण के नाम पर

वह पवित्र अभिलेख शेष ही कहाँ रह गया मूल में
पूरा रूप बदल डाला है, संशोधन के नाम पर

आपत्तियाँ निरस्त करा दीं, परदा डाला ग़बनों पर
दफ़न किये घोटाले कितने अंकेक्षण के नाम पर

आदर्शों का स्खलन, चढ़े हैं ऊँचे मूल्य अनीति के
अवमूल्यन ही किया गया है, अधिमूल्यन के नाम पर

उच्च पुनर्वासों का लालच, गया उखाड़ ज़मीन से
विस्थापन ही हुआ वास्तविक संस्थापन के नाम पर

कई प्रतिष्ठित लेखक हैं जो जीवित ही खुद प्रेत हैं
धन के हेतु घिनौना लिक्खा, उदर-भरण के नाम पर

परजीवी वे रहे शुरू से, पले हमारा रक्त पी
किया शुद्ध शोषण ही केवल बस पोषण के नाम पर

जाँच बिठा दी तो प्रकरण की सब गर्मी ठंडी हुई
मिला सिर्फ़ अन्याय, न्याय के अभियोजन के नाम पर

सिर्फ़ वस्तुएँ और वस्तुएँ, फैली हैं उपभोग की
भोग प्रतिष्ठित किया जा रहा, नवोन्नयन के नाम पर

पारम्परिक विरासत शायद खंडित करके साँस ले
अपसंस्कृति का छद्म आक्रमण छविदर्शन के नाम पर

वे प्रतिबद्ध शिविर वाले थे कैसे हमें सराहते
अनदेखी कर गये समीक्षक मूल्यांकन के नाम पर

सब मृतक सपने जिला देंगे, जरा विश्वास कर
हम तुझे प्रभु से मिला देंगे, जरा विश्वास कर

बिन खिले ही बाग की कलियाँ सभी मुरझा गईं
हम सभी कलियाँ खिला देंगे, जरा विश्वास कर

छिन गया जो मुकुट तेरा और सिंहासन वही
हम तुझे वापस दिला देंगे, जरा विश्वास कर

हम कि जो मध्यस्थ प्रभु के और तेरे बीच में
हम तुझे हर सिलसिला देंगे, जरा विश्वास कर

देखकर अवसर स्वयम् प्रभु के कमंडल से कभी
हम तुझे अमरित पिला देंगे, जरा विश्वास कर

जो किसी भी शत्रु से भेदा न जाए वह तुझे
हम कवच देंगे, किला देंगे, जरा विश्वास कर

हम बने मध्यस्थ तो फिर तुझे करने के लिए
हम नहीं कोई गिला देंगे, जरा विश्वास कर

निकटतम सरकार के हम हैं, तुझे विश्वास का
हम तुझे अच्छा सिला देंगे, जरा विश्वास कर

यह उद्योग, इसकी कर्मशाला में यहाँ
तुझे भी दाखिला देंगे, जरा विश्वास कर

धन्धे के धुरन्धर हैं तुझे इस धाम में
ुखों का काफ़िला देंगे, जरा विश्वास कर

लाली, वित्त का विपणन कि जिसके ज़ोर से
शासन को हिला देंगे, जरा विश्वास कर

ारों की जुगाड़ें भी जमाकर हम तुझे
कुन्दन कोकिला देंगे, जरा विश्वास कर

यह सेवा हमीं से ली नहीं तो वक्ष पर
ुझे शापित शिला देंगे, जरा विश्वास कर

बहरों का दरबार, जोर से बोल यहाँ
मिमिया मत हुंकार, जोर से बोल यहाँ

इनके कान निवेदन नहीं सुना करते
सुनते हैं ललकार, जोर से बोल यहाँ

ऊँचे बोलों का ही अर्थ समझते हैं
ये बिगड़े बदकार, जोर से बोल यहाँ

अपनी जय के नारे ही सुनते आये
सुना उन्हें फटकार, जोर से बोल यहाँ

सत्ता के कानों में रहता तेल पड़ा
कम सुनती मक्कार, जोर से बोल यहाँ

यहाँ छीन कर लेना पड़ता अपना हक
हाकिम से हकदार, जोर से बोल यहाँ

अदालती झापड़ खा जगती है वरना
सोती है सरकार, जोर से बोल यहाँ

उसके रनिवासों तक कैसे पहुँचेगी
जन की चीख़ पुकार, जोर से बोल यहाँ

चुप कर दे अपने बोलों से, तू इनके
मुँह पर टाँके मार, जोर से बोल यहाँ

तू पहली आवाज़ उठा तो कोरस में
गायेंगे सब यार, जोर से बोल यहाँ

तू पहली आवाज उठा तो कोरस में
गायेंगे सब यार जोर से बोल यहाँ

उनकी भी डर है कि बहा ले जाएगा
जनाक्रोश का ज्वार, जोर से बोल यहाँ

क्रूरतम घातक समय है क्या करें
हर तरफ़ आतंक भय है क्या करें

सूर्य भी सहमा हुआ है शरद में
और कुहरे में उदय है क्या करें

जो कि आकस्मिक रहे—अनिवार्य से
अब अराजकता, अनय है क्या करें

कुछ दवा लगती न रोगी प्रेम को
मंदज्वर के साथ क्षय है क्या करें

वस्तु है संवेदना भी हाट की
शुद्ध विक्रय और क्रय है क्या करें

एक दीपक ही जला तो साथ में
आँधियों का अभ्युदय है क्या करें

प्रेम ले या क्षेम-जीवन क्या चुनें
प्रश्न दुविधा द्वन्द्वमय है क्या करें

अपशकुन, ये नाश के संकेत हैं
अब निकट शायद प्रलय है क्या करें

घिर चुका आदर्श अब षड्यन्त्र में
शीघ्र उसका कत्ल तय है क्या करें

ये अगीतों, छन्दहीनों का ज़हर
संकटों में गीत लय है क्या करें

ज़िन्दगी तो है अहिल्या पर शिला
राम बिन वह शापमय है क्या करें

उनकी मुट्ठी में जो दाने आये
वे कबूतर को फँसाने आये

आँख भी जो न मिला पाते थे
आँख वे हमको दिखाने आये

होश लाते थे ठिकाने सबके
होश खुद उनके ठिकाने आये

मेरे तम्बू उखाड़ने वाले
मेरी जाजम को बिछाने आये

वे जो कल तक थे खरीदार यहाँ
अपनी दूकान लगाने आये

होठ पर सच था तो बेबाक कहा
झूठ आया तो बहाने आये

बैठ बहते हुए शवों पर लो
कौए गंगा में नहाने आये

डूबते को दीं सलाहें तट से
खुद बचाने न सयाने आये

सो गये खुद ही जगाने वाले
आप भी किन को जगाने आये

रूठकर हमसे गये थे आख़िर
लौटकर हमको मनाने आये

काम जो दुश्मनी का किया दोस्तो
आपका शुक्रिया, शुक्रिया दोस्तो

वह हमीं थे कि जिसने कभी आपकी
राह में रख दिया था दिया दोस्तो

पूर्ण मुख-पृष्ठ हमने दिया था, हमें—
आपने पर दिया हाशिया दोस्तो

और को छूट सब पर हमारे लिए
तंग रक्खा सदा काफिया दोस्तो

आपकी है कृपा आपके हाथ से
मैं कई बार मर मर जिया दोस्तो

देख लो यह बही, उम्र भर आपको
बस दिया ही दिया, कब लिया दोस्तो

हम पचा तो न पाये, उगलना पड़ा
आपने जो दिया विष पिया दोस्तो

आपकी ही मेहरबानियों से हुआ
एक सेहरा हमें मर्सिया दोस्तों

मैं जमाता रहा, आप लेकिन सतत
छिप उलटते रहे सातिया दोस्तो

आप बिन आपके दोस्त का, कर्बला
लो पहुँच ही गया ताजिया दोस्तो

नेतृत्व कर रहे हैं, उनकी बड़ी कृपा है
वे देश चर रहे हैं, उनकी बड़ी कृपा है

वे सात पुश्त खायें, यह सोचकर स्वयं का
भंडार भर रहे हैं, उनकी बड़ी कृपा है

हैं पैर कब्र में पर छुटती नहीं सियासत
मरकर न मर रहे हैं, उनकी बड़ी कृपा है

उस्ताद पलटने में, हर बार चतुरता से
कहकर मुकर रहे हैं, उनकी बड़ी कृपा है

वे खीज विफलता से, अब उलटकर हमीं पर
आरोप धर रहे हैं, उनकी बड़ी कृपा है

छू लें कहीं न नभ को, कुछ तरुण पंछियों के
वे पर कतर रहे हैं, उनकी बड़ी कृपा है

लेकर कड़ी सुरक्षा, जन के अभिन्न जन से
किस भाँति डर रहे हैं, उनकी बड़ी कृपा है

चाबुक पड़ा समय का मिमिया रहे, कभी जो
शेरे-बबर रहे हैं, उनकी बड़ी कृपा है

नित अवसरों मुताबिक वे आजकल इधर हैं
बरसों उधर रहे हैं, उनकी बड़ी कृपा है

बीभत्स विकृतियों के सब घृणित किन्तु असली
मुखड़े उघर रहे हैं, उनकी बड़ी कृपा है

जो थे बुलंदियों पर, गिर कर वही नज़र से
दिल से उतर रहे हैं, उनकी बड़ी कृपा है

रामकुमार कृषक

बिगड़ी हुई बहर की ग़ज़ल कह रहा हूँ मैं
नक़्क़ाद दोस्तों के तंज़ सह रहा हूँ मैं

पूछो न क्या है मेरी ग़ज़ल की किताब में
इक राग आग का है और दह रहा हूँ मैं

बनती नहीं है बात बनाए से बेसबब
लफ़्ज़ों के संग-साथ भले रह रहा हूँ मैं

दरिया है रवानी है और ज़िंदगी भी है
डूबा अभी कहाँ हूँ महज़ बह रहा हूँ मैं

जो लोग मुंतज़िर हैं सहारे के रात-दिन
उनको ही सहारे के लिए गह रहा हूँ मैं

हम नहीं खाते हमें बाज़ार खाता है
आजकल अपना यही चीज़ों से नाता है

पेट काटा हो गई खासी बचत घर में
है कहाँ चेहरा मुखौटा मुस्कुराता है

नाम इसका और उसके दस्तख़त हम पर
चेक बियरर हैं जिसे मिलते भुनाता है

है ख़रीदारी हमारी सब उधारी पर
बेचनेवाला हमें बिकना सिखाता है

सामने दिखता नहीं ठगिया हमें यों तो
हाँ, कोई भीतर ठहाका-सा लगाता है

दुख कहाँ से आ रहे बतलाइए
और कब तक जा रहे बतलाइए

भूख कब से द्वार पर बैठी हुई
आप कब से खा रहे बतलाइए

काम से जो लोग वापस आ रहे
रो रहे या गा रहे बतलाइए

काम कीजे चाह फल की छोड़िए
आप क्यूँ समझा रहे बतलाइए

मानते हैं आप हैं जागे हुए
पूछते हम क्या रहे बतलाइए

दिल कहाँ धड़कन कहाँ मत पूछिए
घूरता है वक़्त नीयत पूछिए

बेशक़ीमत आदमी होगा ज़रूर
क्या है उसकी आज क़ीमत पूछिए

नाम पर गुरबत के साजिश लूट की
और क्या कुछ है निज़ामत पूछिए

जो तरक्क़ी है गुलामी भी वही
क्या अलग कल की बनिस्बत पूछिए

शायरी में रंगो-बू क्या बात है
पर नदारद क्यूँ इबारत पूछिए

यूँ सरो-सामान लिखने का सभी
लिख नहीं पाते हैं क्यूँ खत पूछिए

पूछने को और क्या बाकी रहा
बेजुबाँ आँखों में दहशत पूछिए

आइए चलते हैं थोड़ा घूमना हो जाएगा
बदलियाँ भी साथ हैं दिल दोगुना हो जाएगा

यह थकन टूटन उदासी बेवजह बेशक नहीं
बावज़ह रोने से भी किस का भला हो जाएगा

दौरे-मुश्किल है चलो कुछ तो उठाकर देख लें
क्या पता कल किसलिए हँसना मना हो जाएगा

लोग बेघर-बार हैं बेचेहरा लेकिन नहीं
देखिए बागौर खुद से सामना हो जाएगा

दोस्ती है दुश्मनी भी और यह उम्मीद भी
एक दिन हर शख़्स अपना आश्ना हो जाएगा

बेवजह जलते नहीं जलना अगर हम छोड़ दें
रात गहराएगी अँधियारा घना हो जाएगा

मान लीजे वक़्त ही बेवक़्त आ पहुँचे अगर
वक़्त की वल्गा को बढ़कर थामना हो जाएगा

काश, हमसे इस फकीरी में कबीरी भी सधे
ठाठ अपनी शायरी का शाहना हो जाएगा

हारकर भी जीतने का गुर अगर हम सीख लें
पूछिए मत ज़िंदगी में क्या से क्या हो जाएगा

सूर्यभानु गुप्त

हर लम्हा ज़िन्दगी के पसीने से तंग हूँ,
मैं भी किसी क़मीज़ के कॉलर का रंग हूँ।

मोहरा सियासतों का, मेरा नाम आदमी,
मेरा वुजूद क्या है, ख़लाओं की जंग हूँ।

रिश्ते गुज़र रहे हैं लिये दिन में बत्तियाँ,
मैं बीसवीं सदी की अँधेरी सुरंग हूँ।

निकला हूँ इक नदी-सा समन्दर को ढूँढ़ने,
कुछ दूर कश्तियों के अभी संग-संग हूँ।

माँझा कोई यक़ीन के क़ाबिल नहीं रहा,
तनहाइयों के पेड़ से अटकी पतंग हूँ।

ये किसका दस्तख़त है, बताए कोई मुझे,
मैं अपना नाम लिख के अँगूठे-सा दंग हूँ।

किसको मन के घाव दिखाएँ, हाल सुनाएँ जी के,
इनसानों से ज्यादा अच्छे पत्थर किसी नदी के।

पूरी उम्र छुड़ाते गुज़रे, महाजनों से चेहरे,
बँधुआ मज़दूरों-से अब तो जीवन हुए सभी के।

हर कन्धे पर सौ-सौ चेहरे, गिनती क्या इक-दो की,
रावण से ज्यादा ख़तरे हैं, इस मक्कार सदी के।

हैज़े, चेचक से मरती थी यारो, दुनिया पहले,
मोटर, बँगला, चमचे, कुर्सी, ये हैं रोग अभी के।

भूली-बिसरी यादों के ओ जोगी! आते रहियो,
जी हल्का कर जाते तेरे फेरे कभी-कभी के।

पहाड़ों के क़दों की खाइयाँ हैं,
बुलन्दी पर बहुत नीचाइयाँ हैं।

है ऐसी तेज़ रफ़्तारी का आलम,
कि लोग अपनी ही खुद परछाइयाँ हैं।

गले मिलिए तो कट जाती है जेबें,
बड़ी उथली यहाँ गहराइयाँ हैं।

हवा बिजली के पंखे बाँटते हैं,
मुलाज़िम झूठ की सच्चाइयाँ हैं।

बिके पानी समन्दर के किनारे,
हक़ीक़त पर्वतों की राइयाँ हैं।

गगन-छूते मकां भी, झोंपड़े भी,
अजब इस शहर की रानाइयाँ हैं।

दिलों की बात ओंठों तक न आए,
कसी यूँ गर्दनों पर टाइयाँ हैं।

नगर की बिल्डिंगें बाँहों की सूरत,
बशर टूटी हुई अँगड़ाइयाँ हैं।

जिधर देखो उधर पछुआ का जादू,
सलीबों पर चढ़ीं पुरवाइयाँ हैं।

नई तहज़ीब ने ये गुल खिलाये,
घरों से लापता अँगनाइयाँ हैं।

मुतास्सिर लोग यूँ हैं रोटियों से,
ख़यालों तक गईं गोलाइयाँ हैं।

यहाँ रद्दी में बिक जाते हैं शाइर,
गगन ने छोड़ दीं ऊँचाइयाँ हैं।

कथा हर ज़िन्दगी की द्रोपदी-सी,
बड़ी इज्ज़त-भरी रुस्वाइयाँ हैं।

जो ग़ालिब आज होते तो समझते,
ग़ज़ल कहने में क्या कठिनाइयाँ हैं।

हर घर है ख़ाली पड़ा हुआ,
दिन नरभक्षी तेंदुआ हुआ।

जीते हैं लोग ज़िन्दगी यूँ,
जिस तरह पहाड़ा रटा हुआ।

इसके हाथों, उसके हाथों,
जो शख़्स मिला, वो बिका हुआ।

एहसास मरा सबका ऐसे,
चप्पल-जूतों का तला हुआ।

दिन-रात कट रहे यूँ जैसे,
रेकार्ड सौ दफा बजा हुआ।

दाँतों के बीच दाँत तनहा,
ख़ालिस सोने में मढ़ा हुआ।

मेवाड़ ख़्वाब में फिर देखा,
इक ऊँट अनमना पड़ा हुआ।

इनसान न भूला गुज़रे दिन,
चिड़ियाघर में ख़ुश बड़ा हुआ।

दीवार-तोड़ निकला पीपल,
घर में हंगामा बड़ा हुआ।

सतयुग में एक आदमी था,
कलियुग में वो देवता हुआ।

पत्थर तैरेगा पानी पर,
इक नाम अगर हो लिखा हुआ।

दश्त की-सी है शामो-सहर ज़िन्दगी,
एक शाइर का हो जैसे घर ज़िन्दगी।

उम्र भर झोंपड़ों को दिखाती रही,
रोज़ कश्मीर के पोस्टर ज़िन्दगी।

इक गुलामी से हम दूसरी में फँसे,
धोखा खाई हुई हर नज़र ज़िन्दगी।

हाथ को हाथ यारो सुझाई न दे,
चन्द जेबों में सिमटी सहर ज़िन्दगी।

धूप, वादे, वफ़ा, रोशनी, देवता,
हर खिलौने से उतरा कलर ज़िन्दगी।

सारे अल्फ़ाज़ सोने के निकले हिरन,
ख़्वाब, जन्नत, वतन, राहबर, ज़िन्दगी।

सालहा साल से है मेरे मुल्क में,
एक उड़ती हुई-सी ख़बर ज़िन्दगी।

सौ जगह से रफ़ू की गई शर्ट है,
क्या करे ले के कोई बशर ज़िन्दगी।

अपना ही घर है मैदान अब जंग का,
अपने ही ख़ून में तर-ब-तर ज़िन्दगी।

सौ दफा आदमी को गिराए बिना,
टिकने देती नहीं पीठ पर ज़िन्दगी।

एक जंगल का आवारा घोड़ा सही,
ख़ूबसूरत है कितनी मगर ज़िन्दगी।

आँसुओं में भीगा है हर लिबास नस्लों का,
कोई तो समझ पाता गम उदास नस्लों का।

कौन घाट उतरेंगी ये तो राम ही जानें,
दूर तक नहीं कोई ग़मशनास नस्लों का।

अपने दुख से छोटे हैं दुख तमाम दुनिया के,
मुख़्तसर न था इतना कैनवास नस्लों का।

ज़िन्दगी नहीं जैसे भूत कोई देखा है,
हाल क्या सुनाएँ हम बदहवास नस्लों का।

दर्द चन्द्रमुखियों के गेसुओं से लम्बा है,
खुदकुशी मुक़द्दर है देवदास नस्लों का?

हर क़दम पे होते हैं क़त्ल जिस इलाक़े में,
अब वही इलाक़ा है सबसे ख़ास नस्लों का?

बम, मिसाइलें, दहशत, नक़्ली सरहदें, वहशत,
अब इलाज है साहब, किसके पास नस्लों का।

गाय-बैल चरते हैं, रौंदकर निकलते हैं,
ये सदी इलाक़ा है घास-घास नस्लों का।

झाँकने कुएँ में भी आजकल नहीं आता,
बेवफ़ा कन्हैया है सूरदास नस्लों का।

सुबह-सुबह इक रोज़ बुझा ऐसा सूरज,
बना ज़माने भर में इक क़िस्सा सूरज।

हुई नहीं तलवार म्यान के बाहर और,
आसमान के घोड़े से उतरा सूरज।

सुबह-शाम के चेहरे मिल कर एक हुए,.
कुछ लम्हों को ऐसा फ़्यूज़ हुआ सूरज।

सुबह-सुबह ही पंछी अपने घर लौटे,
सुबह-सुबह चूल्हे का तवा हुआ सूरज।

धरती और चाँद की सफ़ में आते ही,
अपना तो चेहरा ही खो बैठा सूरज।

कटा गहन के बट्टे में इतना ज़्यादा,
चूड़ी चाँद, अँगूठी तक पहुँचा सूरज।

हर पल रंग बदलते अपने ही जैसा,
इस दुनिया के लोगों ने देखा सूरज।

पल-पल की तस्वीर खींचती है दुनिया,
अगर किसी पर बुरा वक़्त पड़ता सूरज।

पूजा, दान, दक्षिणा, दरिया में डुबकी,
तेरी ख़ातिर हमने सभी किया सूरज।

सच्चाई की ताब कौन ला सकता है,
किसने नंगी आँखों से देखा सूरज।

गहनाया हो लाख, मिला ले आँख कोई,
सूरज तो हर हालत में ठहरा सूरज।

हुई ज़मानत ज़ब्त अँधेरों की आख़िर,
इतने वोटों से आगे निकला सूरज।

गहन लगा इन दिनों आदमी को जैसा,
तुझको भी तो ऐसा कहाँ लगा सूरज।

साबुत रहा न काँधों पर कोई चेहरा,
यूँ दहशतगर्दों के हाथ लगा सूरज।

आसमान बच गया सियासतदानों से,
देख के धरती को हँसता होगा सूरज।

हथियारों के पीछे पागल ये दुनिया,
इस पागलपन की है कोई दवा सूरज?

बरस रहा अँधियारा सौ-सौ शक्लों में,
इस दुनिया की ख़ातिर माँग दुआ सूरज!

क़ैद इतने बरस रहा है ख़ून,
छूटने को तरस रहा है ख़ून।

गाँव में एक भी नहीं ओझा,
और लोगों को डस रहा है ख़ून।

सौ दुखों का सितार हर चेहरा,
तार पर तार कस रहा है ख़ून।

छतरियाँ तान लें जो पानी हो,
आस्माँ से बरस रहा है ख़ून।

प्यास से मर रही है ये दुनिया,
और पीने को बस, रहा है ख़ून।

पूछो न यूँ कटा है, हर सुबहो-शाम जंगल,
जंगल के दुश्मनों का अब भी, गुलाम जंगल।

सपनों के नाम वहशत, आँखों के नाम जंगल,
हमने शहादतों का पाया इनाम जंगल।

कटते ही ढूँढ़ लेता फ़ौरन मुक़ाम जंगल,
हर आदमी के अन्दर करता क़याम जंगल

आपस में पेड़ लड़ते, सौ तरह से झगड़ते,
अपनी ही आग पहने रह-रह के आम जंगल।

हंगामे, ख़ौफ़, दहशत, सदमे, जुनून, नफ़रत,
यूँ अपनी कुर्सियों के लेता है दाम जंगल।

हर महँगी आस्तीं पे, मिलते लहू के छींटे,
करता है बस्तियों में चुपचाप काम जंगल।

मज़हब, ज़मीन, भाषा, इक मुस्तक़िल तमाशा,
अब खेल टोपियों का हर एक गाम जंगल।

जिस मोड़ पर पहुँच कर, भटके कुतुबनुमा भी,
उस मोड़ पर तो साहब, है सबसे श्याम जंगल।

भरती है डोम के घर सच्चाई अब भी पानी,
झूठों के हाथ आया इक इन्तज़ाम जंगल।

वादे, जुलूस, नारे, फिर-फिर वही नज़ारे,
जागीर है ठगों की कब से तमाम जंगल।

कम्प्यूटरों के बाहर औंधे पड़े हुए हैं,
अपनी शिनाख़्त ग़ैरत, रोटी, अवाम, जंगल।

हर तन-बदन पुकारे, कोई तो धूप उतारे,
सूखा हर एक बादल, प्यासा तमाम जंगल।

धरती कोई भी ओढ़ें, अपनी जड़ें न छोड़ें,
करता है बस, उन्हीं को दिल से सलाम जंगल।

पहली दफा तो संग में, सीता भी थीं, लखन भी,
अब के न कोई होगा, निकले जो राम जंगल।

आम आदमी की ख़ातिर, दिल्ली है दूर अब भी,
बरसों से है मुसलसल जंगल की शाम, जंगल।

अपने वतन के मिट्टी-पानी का मैं तो शाइर,
मेरी ज़ुबान दरिया, मेरा कलाम जंगल।

नूर मुहम्मद 'नूर'

इस सदी सी बेहया कोई सदी पहले न थी
इस क़दर बेआब आँखों की नदी पहले न थी

क्या कहा जाए उजालों के सिपह किरदार पे
तीरगीबर्दार ऐसी रौशनी पहले न थी

पाँव रखें तो कहाँ रखें बतायेंगे हुजूर
आपकी धरती तो इतनी दलदली पहले न थी

अब तो यमुना के किनारे भी बहुत वीरान हैं
कृष्ण! तेरी बाँसुरी यूँ बेसुरी पहले न थी

क्या कहें इसको तकाज़ा वक़्त का या और कुछ
दोस्तों के साथ ऐसी दुश्मनी पहले न थी

मसलेहत तो है यक़ीनन जानते हैं आप भी
वर्ना जैसी आजकल है शायरी पहले न थी

जिस तरह से ले रही हर सू बला अँगड़ाइयाँ
क्या कभी लेगी जवाबन ही सजा अँगड़ाइयाँ

जाने कब तक राह देखेंगी ग़मों की बस्तियाँ
जाने कब सड़कों पे लेगा माजरा अँगड़ाइयाँ

प्यास बुझ जाएगी सहरा की, समंदर की तरह
झूम कर इक बार तो ले ले घटा अँगड़ाइयाँ

अपने बंदों की भी करतूतें ज़रा सी देख ले
ले भी ले इक बार ए मेरे ख़ुदा अँगड़ाइयाँ

सूरतें बदलेंगी तय है तब वतन के वास्ते
जब कभी भी दोस्तो लेगी वफा अँगड़ाइयाँ

टूट जाएँगी सफर की सख़्त दीवारें सभी
'नूर' जब लेगा तड़प कर रास्ता अँगड़ाइयाँ

बार-बार उठना-गिर पड़ना अच्छा लगता है
अंधकार से लड़ना-भिड़ना अच्छा लगता है

क़दम-क़दम पर घोर अनर्थों से मिलकर अब तो
शब्दों में अर्थों सा झड़ना अच्छा लगता है

माना बहुत समय का पत्थर बीहड़ कठिन-दुरूह
पर इसको ही गुनना-गढ़ना अच्छा लगता है

रोज़ सुखों के जंगल-जंगल लहराऊँ-भटकूँ
रोज़ दुखों के पर्वत चढ़ना अच्छा लगता है

भर दी है वो शक्ति 'नूर' इस मिट्टी ने मुझ में
पंख नहीं है, लेकिन उड़ना अच्छा लगता है।

बेकार चीख़ना है कि घर, घर नहीं रहा
अब तो किसी भी धड़ पे कोई सर नहीं रहा

ठिठुरी हुई है भूख अभावों से भीगकर
घर पे किसी गरीब के छप्पर नहीं रहा

इतनी तपिश बढ़ी कि सभी रंग फट गये
सुर्ख़ी में लाल, सब्ज़ में हरिअर नहीं रहा

शीशों के घर में फूल खिलाने लगे हैं लोग
यानी किसी भी हाथ में पत्थर नहीं रहा

कब तक करोगे आँख के पानी से खेतियाँ
जाँगर में क्या तुम्हारे समंदर नहीं रहा

पगला गया है 'नूर' अँधेरे में डूबकर
उसको किसी का आज कोई डर नहीं रहा

सुनो मछेरो! इसे जोड़ लो हिसाबों में
उबल रही है नदी मछलियों के ख़्वाबों में

किसी भी तह में कहीं भी न कोई चेहरा है
नक़ाब ही हैं फक़त हर कहीं नक़ाबों में

ज़रूर आयेगा इक दिन निकल के शब्दों से
वो जब तलक है फँसा तब तलक किताबों में

फक़त सवाल ही ठिठुरे हुए नहीं हैं जनाब
कि धुंध भी हैं बहुत आजकल जवाबों में

बता भी 'नूर' निकल कर ज़रा अँधेरों से
है ख़ून किसका चमकता हुआ गुलाबों में

रहज़नों से भी बुरा रहबर हुआ तो क्यों हुआ
बारहा ऐसा हुआ अक्सर हुआ तो क्यों हुआ

फूल तो दिखता नहीं उस आदमी के हाथ में
किन्तु उसका हाथ बेपत्थर हुआ तो क्यों हुआ

प्रश्न जो भी थे समय के प्रश्न बन पाये कहाँ
और बेउत्तर अगर उत्तर हुआ तो क्यों हुआ

उर्वरा दुस्साहसों की पी गया आख़िर वो कौन
जाँगरों का क़ाफिला बंजर हुआ तो क्यों हुआ

पूछता तो पूछता अपने से आख़िर किस तरह
'नूर' तू इस दौर का शंकर हुआ तो क्यों हुआ

वो जो छल से मेरी आँखों छलछलाया है बहुत
हाँ मुझे इस एक पानी ने जलाया है बहुत

फिर भी मैंने जो ज़रूरी था वही रखा है याद
गो कि वो और रूप उसका याद आया है बहुत

मैं नहीं नाचा किसी धुन पर किसी भी ताल पर
मुझको मेरे वक़्त ने लेकिन नचाया है बहुत

जल रहा हूँ और मैं जलता रहूँगा धूप मे
जो भी जितना भी है ख़ुद का ही साया है बहुत

जिससे समझा जान पाया दर्दे इनसानी को मैं
बस यही इक दर्द मेरे काम आया है बहुत

जब मुझे राह दिखाने कई काने आये
तब कहीं जाके मेरे होश ठिकाने आये

फिर मेरे ज़ख्म हँसे सुर्ख़ गुलाबों की तरह
दर्द फिर दिल में मेरे गीत जगाने आये

जिनका पेशा ही जहाज़ों को डुबो देना था
मेरी कश्ती को वही लोग बचाने आये

देखते-देखते फिर हो गई दुश्मन दुनिया
और इस तरह मेरे अच्छे ज़माने आये

यूँ कि बस्ती के हर इक घर को जलाया पहले
बाद में लोग वही आग बुझाने आये

बेघरी भूख कड़ी धूप कँटीली राहें
मेरे हिस्से में हमेशा ये ख़ज़ाने आये

दाने-दाने को वो जब हो गये मुहताज उधर
उसके घर ख़ूब चमकते हुए दाने आये

अशोक 'अंजुम'

आदमी में आदमीयत का असर पैदा करें
प्यार की ख़ुशबू से महके वह जिगर पैदा करें

जब खुले मुँह फूल बरसें, सच की फुलझड़ियाँ झरें
अपने बोलों में चलो ऐसा हुनर पैदा करें

हमने दीवारों पे छत रखकर बनाया जो मकां
गर कभी मौक़ा मिले तो उसमें घर पैदा करें

वे जो मज़हब की दुकानें खोलकर बैठे हुए
उनसे कह दो अब न वे बच्चों में डर पैदा करें

जिसपे चलकर हम वहाँ पहुँचें जहाँ पर अम्न हो
आओ मिलकर यार अब ऐसी डगर पैदा करें

हर सितम चुपचाप सहकर बोलता कुछ भी नहीं
आदमी! क्या ज़िन्दगी से वास्ता कुछ भी नहीं

इस तरफ़ से, उस तरफ़ से छोड़ता कुछ भी नहीं
और कहता है सदा कि चाहता कुछ भी नहीं

बदहवासी, भीड़, तल्ख़ी, दूर तक बस रास्ते
उफ़् धुआँ-सा ज़िस्म में है सूझता कुछ भी नहीं

पक चुका है इस कदर इनसान अब इस दौर का
हाँ तो कर देता है पर वो मानता कुछ भी नहीं

मेरी श्रद्धा-भक्ति से वो क्या था और क्या हो गया
वरना वो पत्थर ही रहता, देवता कुछ भी नहीं

जब भी आता है अनेकों ख़्वाब दिखलाता है वो
किन्तु जाकर राजधानी, देखता कुछ भी नहीं

है अँधेरों पर उजालों की इनायत साब'जी
गुमशुदा है राजमहलों से शराफ़त साब'जी

नोचते हैं, खोंसते हैं क़हर ढाते हैं सदा
रहबरों की हो गई हैं अज़ब आदत साब'जी

ख़ून में कोई रवानी की निशानी खोजिए
युद्ध को ललकारती तुमको सियासत साब'जी

आग और पानी में गहरी छन रही है आजकल
आग की पानी से मत करना शिक़ायत साब'जी

लो रँगे-हाथों पकड़ में आ गए वे लोग जो–
दे रहे थे बच के रहने की हिदायत साब'जी

देह के भूगोल तक केवल सिमटकर रह गए
क़समें, वादे बेवफ़ाएँ और मुहब्बत साब'जी

सच को काँधे पर उठाए फिर रहा है शख़्स जो
क्या बताएँ झेलता क्या-क्या ज़लालत साब'जी

आदमीयत, आदमी से दूर कोसों हो गई
हो सके तो कीजिए इसकी हिफ़ाज़त साब'जी

बड़ा बुरा है हाल कबीरा!
छेड़ो फिर सुर-ताल कबीरा!

सच के हिस्से में हैं फ़ाके
झूठ उड़ाये माल कबीरा!

हम मछली, हर ओर मछेरे
फैलाये हैं जाल कबीरा!

बचपन से हक़ माँग-माँगकर
पके हमारे बाल कबीरा!

मीठी वाणी बोल रहे थे
खिंची हमारी खाल कबीरा!

कौवे, बेढंगी बतलाते
अब हंसों की चाल कबीरा!

मज़हब की दूकान खोलकर
वे हैं मालामाल कबीरा!

उत्तर हैं सब धराशायी
अकड़े खड़े सवाल कबीरा!

दुनियाभर के झंझाओं से घायल-घायल हम
क्या अच्छा है भटक रहे हैं चंबल-चंबल हम

कई तरह के रिश्ते हमको यूँ भरमाते हैं
लगते हैं वे आरी-आरी, जंगल-जंगल हम

वे जब चाहें, जैसे चाहें खेल खेलते हैं
कब तक यूँ बाँटे जाएँगे पत्तल-पत्तल हम

अभी हमारी रग-रग में कुछ जोश भरा तो है
ना जाने कब बरस जाएँगे बादल-बादल हम

पूछ रहे हो हाल हमारा अब क्या बतलाएँ
खुद को खुद में ढूँढ़ रहे हैं बेकल-बेकल हम

पता नहीं किस वक़्त उन्होंने हमको मिटा दिया
उनकी आँखों में रहते थे काजल-काजल हम

नज़र में दूर जो दरिया दिखाई देता है
क़रीब जाऊँ तो सहरा दिखाई देता है

उसकी सब डिगरियाँ फ़ाइल में क़ैद हैं कबसे
उसे अब ख़्वाब में रिक्शा दिखाई देता है

दाम हर चीज़ के हर रोज़ हैं तरक्की पर
अब अपना ख़ून ही सस्ता दिखाई देता है

वो रहजनों का भी सरदार निकल आता है
जो बड़ी देर तक अपना दिखाई देता है

सदन में कैसे नज़ारे हैं मारा-मारी के
अभी तो देखिए क्या-क्या दिखाई देता है

ये सियासत के रास्ते बड़े घिनौने हैं
हटा के देख जो पर्दा दिखाई देता है

मुझको गर तू उड़ान दे मौला!
तो खुला आसमान दे मौला!

जब भी बोलूँ तो फूल से बरसें
दे तो ऐसी जुबान दे मौला!

पहले दे प्यार बाँटने के लिए
तब ये सारा ज़हान दे मौला!

तू सदा सच का साथ देता है
है तेरा इम्तिहान, दे मौला!

लोग जो कि खड़े दोराहे पर
उनको गीता का ज्ञान दे मौला!

जंग जीवन की लड़ सकें हँसकर
इतनी बन्दों को जान दे मौला!

अपनी जन्नत ये किसी और को दे
मुझको हिन्दोस्तान दे मौला!

इक दिया जलता हुआ, उस पर हवा!
हौसला देखा चली हँसकर हवा!

जो परिन्दे नापते आकाश को
तौलने निकली है उनके पर हवा!

पत्तियाँ हिलती नहीं, ख़ामोश हैं
पूछती किसका पता रुककर हवा!

आइये रोपें कहीं बेला गुलाब
बाँटती ख़ुशबू चले घर-घर हवा!

सरहदों के पार जा, इस पार आ,
तुझको संगीनों का कैसा डर हवा!

मंच पर मुसकान थीं पर अश्क़ थे नेपथ्य में
क्या बताएँ ज़िन्दगी क्या-क्या सहे नेपथ्य में

तुमने मेरा हाथ क्या थामा क़यामत आ गई
कुछ जले प्रत्यक्ष में तो कुछ जले नेपथ्य में

आँख तक हमने कभी इक बूँद भी आने न दी
ज़िन्दगी-भर यूँ बहुत दरिया बहे नेपथ्य में

देखकर खुश हो गए तुम कुछ कलाकारों का फ़न
पारखी है कौन, जाकर दाद दे नेपथ्य में

आपने उनसे मेरी नज़दीकियाँ तो देख लीं
पर कभी देखे नहीं, थे फ़ासले नेपथ्य में

कर सको तो अब उन्हें मेरे हवाले कर ही दो
उम्र-भर जो मेरी ख़ातिर ख़त लिखे नेपथ्य में

वो प्रार्थना, वो आरती, वो जाप और-और...
गंगा में धोके हमने किए पाप और-और...

जब-जब समय का हमने निरादर किया यहाँ
तब-तब समय ने हमको दिए शाप और-और...

इक-इक ख़ुशी को आपकी सौ-सौ उठाए ग़म
और सारी उमर कहते रहे आप और-और...

दिन-रात जितना हम लगे ख़ुशियों की दौड़ में
उतना ही पाए राह में संताप और-और...

कितना भी दिल से यादें मिटाऊँ, नहीं मिटतीं
ऐसे तो उभरती है इनकी छाप और-और...

रामनारायण स्वामी

हाँ तो यह दौर जो अभी का है
अपने माज़ी से दिल्लगी का है

आप भी भूल गए हैं ख़ुद को
हाल अपना भी बेख़ुदी का है

फ़ख्र भी है कि बुत-ए-ईमाँ हैं
और अफ़सोस भी इसी का है

रोशनी का गुमान होता है
ख़ूब अंदाज़ तीरगी का है

उनकी आँखों को नूर दे मौला
जिनको इल्हाम बेहतरी का है

कहने भर को ही खँडहर है वो
उसके होने में इक सलीक़ा है

कुछ नए नक़्श छिपे हैं इसमें
गरचे मंज़र ये वापसी का है

यार 'स्वामी' तुम्हें हुआ क्या है
यह कोई वक़्त शायरी का है

फ़िक्र में फ़न में और फ़ितरत में
हर कहीं आदमी मुसीबत में

ख़्वहिशों ने तो साथ छोड़ा ही
और अब जान भी है साँसत में

किस अदालत का फ़ैसला है यह
जो नहीं है वही वसीयत में

वक़्त भी क्या मज़ाक़ करता है
तुम भी हैरत में हम भी हैरत में

तुम जिसे और बात कहते हो
बस वही बात है हक़ीकत में

देख लो फिर से तसल्ली कर लो
कुछ कसर रह गई हो मिहनत में

ख़ुद को नासेह बना लो 'स्वामी'
वर्ना फँस जाओगे नसीहत में

यूँ सड़क पर चल रहा था गोया वो गोया न था
रौनक़े-बाज़ार में उस शख़्स का हिस्सा न था

हर कोई इनसानियत के साथ था उस भीड़ में
पर किसी इनसान का इनसान से रिश्ता न था

वक़्त को भी क्या मयस्सर अपने ही लम्हों की क़ैद
जिसको देखो कह रहा है ऐसा तो देखा न था

जैसे इक आँधी-सी आई दो पलों के दरम्याँ
फिर वो सन्नाटा हुआ कहने को भी साया न था

जाने किस दुनिया के लोगों ने बनाई थी क़तार
आगे-पीछे थे सभी उनमें कोई पहला न था

अब तो यूँ ग़म ग़लत किया जाए
ग़म को ग़म ही नहीं कहा जाए

बंद हो तो भी क्या नहीं दिखता
आँख को किस तरह रखा जाए

दिल से कहिए तो दिल की क्या कहिए
लब पे कुछ और ही न आ जाए

फ़िक्रो-फ़न में जो ठन रही है यह
किस तरफ़ कोई फैसला जाए

ऐसा इस राह में नहीं होता
जो गिराए वही उठा जाए

तुम जो कहते हो तो ये लगता है
अब भी कुछ है जिसे सुना जाए

अब वो 'स्वामी' नहीं न फ़न उसका
कोई इस दौर को बता जाए

अल्फ़ाज़ कहाँ ऐसे आते हैं ख़यालों में
हैरत है अगरचे ये होते हैं रिसालों में

जब ग़ौर से देखा तो तस्वीर नहीं थी वो
रंगों की नुमाइश थी हालात के प्यालों में

क्या देख रहे हो यूँ ताँगे में जुते हैं हम
वर्ना तो कशिश होती अपने भी अयालों में

जंगल के फ़रिश्तों ने शाइर को नवाज़ा है
इस बात की चर्चा है मासूम ग़ज़ालों में

फिर डूब गईं आँखें चेहरों के समन्दर में
फिर कुछ न नज़र आया शफ़्फ़ाफ़ उछालों में

सुनते हैं कि अब दुनिया डरती है जवाबों से
बेहतर है गुज़र जाए यह दौर सवालों में

कहते हैं कि 'स्वामी' का हर शेर मुकम्मिल है
शायद कि कमी है कुछ महफ़िल के मआलों में

सुरेन्द्र चतुर्वेदी

घटनाओं का जलता जंगल तुझमें भी है मुझमें भी,
मुद्दत से क़ैदी कोलाहल, तुझमें भी है मुझमें भी।

बंजर एहसासों से जब भी गुज़रा तो महसूस हुआ,
अनबरसा कोई इक बादल तुझमें भी है मुझमें भी।

सहरा-सहरा सपने भटके, सन्नाटों में रात ढले,
जज़्बों का शायद इक मरुथल, तुझमें भी है मुझमें भी।

प्यास बुझाती रही मगर जो बीहड़ में बदनाम हुई,
ऐसी इक दुखियारी चंबल, तुझमें भी है मुझमें भी।

बारिश की शापित नदियों से प्यास नहीं बुझती लेकिन,
अनदेखे झरनों की कल-कल, तुझमें भी है मुझमें भी।

सिर्फ़ ख़्यालों से ही ख़ुशबू, आने लगती चंदन की,
लगता है जैसे विन्ध्याचल, तुझमें भी है मुझमें भी।

इक दूजे को सींचें हम-तुम, धूप हवा और पानी से,
मन में सुख का सूखा पीपल, तुझमें भी है मुझमें भी।

जिन दिनों पौधे की तरह मैं उगा था दोस्तो,
उन दिनों भी पेड़ बनकर सोचता था दोस्तो!

मैं समंदर था मगर सहरा रहा उसके लिए,
वो न जाने किस नज़र से देखता था दोस्तो!

मुझको खुद्दारी बचानी थी महज इसके लिए,
टूटना मेरा मुसलसल तयशुदा था दोस्तो!

माँ ने जब सच को मुझे मतलब सिखाया था तभी,
ये जुबाँ कट जाएगी मैं जानता था दोस्तो!

आप मेरे ज़ख़्म की तहरीर पढ़ पाए नहीं,
वरना मेरे जिस्म पर सब कुछ लिखा था दोस्तो!

क़द मेरा बौना तो साबित भीड़ में होना ही था,
मैं कहाँ औरों के कन्धों पर खड़ा था दोस्तो!

मैं अँधेरों में रहा था आइनों के सामने,
खुद से बचने का यही इक रास्ता था दोस्तो!

पूरा हुआ सफ़र तो मुझे सोचना पड़ा,
पहुँचा न अपने घर तो मुझे सोचना पड़ा।

दरिया चढ़ा तो तैरना ही था मुझे मगर,
पानी गया उतर तो मुझे सोचना पड़ा।

ऐबों को अपने मैंने हुनर कह दिया मगर,
बच्चों पे की नज़र तो मुझे सोचना पड़ा।

झुकती है शाख़ किसलिए फल से लदी हुई,
झुकने लगी कमर तो मुझे सोचना पड़ा।

होती दुआ है बेअसर सोचा तो था यही,
पैदा हुआ असर तो मुझे सोचना पड़ा।

मुझसे बिछड़ के जी नहीं पाएगा ये लगा,
ऐसा हुआ मगर तो मुझे सोचना पड़ा।

कुछ दिल में मैंने झाँक के देखा था तेरे बाद,
आया न कुछ नज़र तो मुझे सोचना पड़ा।

पर कटा कर भी मैं इतना बदगुमाँ कैसे रहा,
हर सहर मेरी नज़र में आसमाँ कैसे रहा।

जिस शजर के पाँव तक को छोड़ बैठी थी ज़मीं,
उस शजर पे कौन जाने आशियां कैसे रहा।

हर घड़ी की मेरी ख़ामोशी मुझे अखरी बहुत,
मैं ज़ुबाँ रखते हुए भी बेज़ुबाँ कैसे रहा।

मुझको खुद पर है तआज्जुब टूटने से बच गया,
आईना था पत्थरों के दरमियाँ कैसे रहा।

लग गई हैं पूजने तन्हाइयाँ मेरी मुझे,
वक़्त होकर भी बुरा यूँ मेहरबाँ कैसे रहा।

मैं सदा उसकी रगों में दौड़ता-फिरता रहा,
फिर उसे मेरे न होने का गुमाँ कैसे रहा।

जल गए अरमान सारे राख़ ठण्डी हो गई,
फिर भी मेरे जिस्म से उठता धुआँ कैसे रहा।

किनारा छोड़कर यारो भँवर में कौन रहता है,
सदा हिम्मत से राहे पुरख़तर में कौन रहता है।

वजूद अपना किसी के हाथ में है रोज़े अव्वल से,
वगरना उम्रभर मिट्टी के घर में कौन रहता है।

फ़क़त जेहनों की खुशबू ढूँढ़ने मैं घर से निकला था,
नहीं तो रात-दिन ऐसे सफ़र में कौन रहता है।

मैं ग़म अपनाऊँ तेरे तू ख़ुशी को मेरी अपना ले,
भला फिर देख कि रब की नज़र में कौन रहता है।

वो सूरज की तरह होगा वगरना ग़ैरमुमक़िन है,
सफ़र पे यूँ सुलगती दोपहर में कौन रहता है।

वही है ज़िस्म का मालिक वही साँसों का है मालिक,
न जाने आजकल कलवो नज़र में कौन रहता है।

मज़ाक़े शाइरी ग़ालिब के विरसे में मिला मुझको,
हुनर से वरना यूँ एहले हुनर में कौन रहता है।

उनकी फ़ितरत पे ध्यान क्या देते,
हम दीवारों पे कान क्या देते।

हम वफ़ादार थे मगर उनको,
बारहा इम्तिहान क्या देते।

जो परों पर निशाना साधे थे,
वो हमें आसमान क्या देते।

माज़रा हिचकियों से ज़ाहिर था,
वो जो देते बयान क्या देते।

जो चले उम्र भर ख़यालों में,
उनको रस्ते थकान क्या देते।

जख़्म तो रूह की तहों में थे,
जिस्म को इत्मिनान क्या देते।

उनको हम पर यक़ीन आ न सका,
बेजुबाँ थे ज़बान क्या देते।

दिलों में आप जो रंज़िश छिपा के रखते हैं,
कहीं कपास में आतिश छिपा के रखते हैं।

भँवर हो तेज़ तो खुलते हैं बादबाँ की तरह,
सियाने लोग सिफ़ारिश छिपा के रखते हैं।

उन्हें गरजने की नौबत कभी नहीं आती,
जो अब्र सीने में बारिश छिपा के रखते हैं।

जुबाँ से बात तो करते हैं फूल शबनम की,
ये और बात कि आतिश छिपा के रखते हैं।

मिला है हौसला राहे ख़तर में जिनसे हमें,
दिलों में उनकी नवाजिश छिपा के रखते हैं।

जो लोग अक़्ल का दावा कभी नहीं करते,
वो लोग वाकई दानिश छिपा के रखते हैं।

अमीर जितना सजाते हैं शानो-शौक़त से,
तजुर्बे उतने ही मुफ़लिस छिपा के रखते हैं।

समझ रहा है मसीहा कभी खुदा मुझको,
वो आदमी की तरह काश देखता मुझको।

बदन है मेरा अगर रेत का तो रहने दे,
उड़ा के साथ में ले जाएगी हवा मुझको।

अगर बबूल हूँ सहरा में मुझको उगने दे,
गुलाब हूँ तो बयाबां में मत उगा मुझको।

कभी मैं तेरा मुक़द्दर था ख़ैर जाने दे,
समझ ले गुज़रा हुआ एक वाक़या मुझको।

मुझे जलाने हैं दरियाओं पे ग़मों के चिराग़,
ये इल्तजा है कि दिल खोल के रुला मुझको।

मेरे ख़याल से जल जाएगा बदन तेरा,
बिछड़ के मुझसे कभी फिर न सोचना मुझको।

तुझे मैं भूल ना पाऊँ तो कोई बात नहीं,
तेरे ये हक़ में रहेगा कि भूल जा मुझको।

ख़त्म कैसे हो गया मेरा सफ़र समझा नहीं,
उम्र मुझमें किसने अपनी की बसर समझा नहीं।

वक़्त ने कितना अजब धोका दिया कि क्या कहूँ
अपनी आँखों से मैं सब कुछ देखकर समझा नहीं।

क़त्ल होना शाम को और सुबह ज़िन्दा लौटना,
मैं कभी सूरज का यारो ये हुनर समझा नहीं।

उसने इक पल भी मुझे तन्हा नहीं रहने दिया,
वो रहा मौजूद मुझमें मैं मगर समझा नहीं।

जिस्म मेरा टूटकर बिखरा तो ये आया ख़याल,
क्यूँ कभी मैंने इसे मिट्टी का घर समझा नहीं।

ये तो समझा था कि नावाकिफ़ हूँ कुछ जज़्बों से मैं,
किसलिए मैं हो गया यूँ बेख़बर समझा नहीं।

मेरी क़िस्मत का सितारा प्यार से मिलता नहीं,
बात इतनी थी मगर मैं उम्र भर समझा नहीं।

हाँ, कड़ी धूप में जब मैंने रियाज़त[1] की है,
मेरे साये ने मेरे साथ बग़ावत की है।

अब मैं अहसास समंदर के कहाँ से लाऊँ,
उम्र भर रेत के रिश्तों की हिफ़ाज़त की है।

वक़्त इक ऐसा महाजन है मेरी नज़रों में,
जिसने हर बार अमानत में ख़यानत की है।

मैंने तहज़ीब सम्भाले रखी इमां की तरह,
इस कड़े दौर में बस ये ही क़िफ़ायत की है।

मेरी आँखों में मिले या कि मिले ग़ैरों की,
ख़्वाब जब भी मिले मैंने इबादत की है।

क़ैद मुझमें है जो मौसम वो बदलता ही नहीं,
कौन सी रुत है कि जिसने ये शरारत की है।

पास कुछ भी न बचा सिर्फ़ दुआओं के सिवा,
वक़्त ने देखिए क्या मुझपे इनायत की है।

---

1. ग्याज़त—तपस्या

हरि मौर्य

डूब गया है मुल्क हमारा आहों और कराहों में।
अब तो केवल धुआँ बचा है बुझते हुए अलावों में।

सच्चाई को झूठ बना कर फेंक दिया है राहों में।
जाने कैसा रस मिलता है लोगों को अफ़वाहों में।

आग लगी है घर में पहरेदार नशे में सोये हैं,
नई नस्ल भी डूब गई है लज़्ज़तदार गुनाहों में।

सफ़र बहुत लम्बा है साथी दुश्मन घात लगाए है,
पूरी पृथ्वी को ढोना है अब अपनी ही बाँहों में।

नया सवेरा, नयी रोशनी कहते-कहते हार गए,
एक नया सूरज गढ़ना है अब तो इन्हीं निगाहों में।

दहशत भरी हुई है फ़िज़ाओं में देखिए,
कैसा ज़हर घुला है हवाओं में देखिए।

थरथरा रही है ज़मीं आस्माँ है चुप,
इक डर छुपा हुआ है निगाहों में देखिए।

क्या हो रहा है और कहते हैं लोग क्या,
क्या छप रहा है आज रिसालों में देखिए।

कुछ सूखी हुई पत्तियाँ, फूलों की पंखुरियाँ,
क्या-क्या दबा हुआ है किताबों में देखिए।

बारिश में भीगने का मौसम नहीं रहा,
तेज़ाब भर गया है घटाओं में देखिए।

अगर न ये तस्वीर बनी तो काग़ज़ फाड़ा जाएगा।
जीने वालो जी न सके तो ज़िन्दा गाड़ा जाएगा।

अपना ठौर-ठिकाना खोजो बस्ती-बस्ती मत घूमो,
बिना ठिकाने जहाँ रहोगे तुम्हें लताड़ा जाएगा।

काली करतूतों के बादल फिर छाये हैं जहाँ-तहाँ,
आग लगेगी उस दिन जब ये बाग़ उजाड़ा जाएगा।

कोई भी हो खेल ज़िन्दगी के नियमों को मत तोड़ो,
सावधान रहना होगा जब खेल बिगाड़ा जाएगा।

सजी-सजाई दूकानों में पर्दों के भीतर क्या है,
चौंक पड़ेगी दुनिया जिस दिन इन्हें उघाड़ा जाएगा।

रातों की नींद उड़ गई सपने बिखर गए,
फूलों से महकते हुए वो दिन किधर गए।

आग थी, धुआँ था, जंगल की लाश थी,
इक खलबली मची थी परिन्दे किधर गए।

सड़कों पे चल रहे थे बहुत सावधान थे,
फूटा जो पटाखा तो कई लोग डर गए।

तलवार ले के आए थे तूफ़ान उठाने,
कुछ न हुआ तो तितलियों के पर कतर गए।

इक आस थी, उम्मीद थी, इक रोशनी-सी थी,
अपनी ग़ज़ल को लेकर जब हम उधर गए।

उजले दिन फिर कब आएँगे,
मर जाएँगे तब आएँगे।

वक़्त पड़ा तो कोई न आया,
कहते थे कि सब आएँगे।

खेतों की तैयारी कर लो,
काले बादल अब आएँगे।

पानी में भी आग लगेगी,
कुछ ऐसे करतब आएँगे।

कोई सलीकेदार नहीं है,
सब के सब बेढब आएँगे।

मरने से डरना छोड़ोगे,
जीने के तब ढब आएँगे।

तुमने कुछ तो जाना होता,
खुद को ही पहचाना होता।

देख नदी को सोचा हमने,
अपना यहीं ठिकाना होता।

उतना ही वह पूजा जाता,
जितना पेड़ पुराना होता।

यादें अगर जमा कर लेते,
कितना बड़ा ख़ज़ाना होता।

आस्मान की क्या कहते हो,
धरती को ही माना होता।

डॉ. गोपाल बाबू शर्मा

आचरण खो रहा आदमी।
निर्वसन हो रहा आदमी।

पाप तो और मैले हुए,
पुण्य को धो रहा आदमी।

वैर, नफ़रत तथा स्वार्थ के,
बीज अब बो रहा आदमी।

ज़िन्दगी आज मर सी गई,
हर समय रो रहा आदमी।

आज सब कुछ लुटा जा रहा,
चैन से सो रहा आदमी।

एक क्या, दो बार क्या अक्सर मिले।
आदमी के रूप में अजगर मिले।

फूल की उम्मीद थी जिनसे हमें,
क्या करें, काँटे मिले, नश्तर मिले।

बेटियों की भावनाएँ मर गईं,
तब कहीं जा कर उन्हें ये वर मिले।

काम से क्या रह गया अब वास्ता,
जी हुज़ूरी चाहते अफ़सर मिले।

रास्ते भर तो रहे महफ़ूज़ हम,
किन्तु ठग हमको हमारे घर मिले।

भँवर में ऐसे गिरे हैं।
लापता दोनों सिरे हैं।

ज़िन्दगी सावन हुई है,
दर्द के बादल घिरे हैं।

जो निभाते धर्म अपना,
आह, आरों से चिरे हैं।

सिर्फ़ हमदर्दी दिखाते,
लोग तो ऐसे निरे हैं।

एक क्षण को भी मिले तुम,
समझ लेंगे दिन फिरे हैं।

आज कोलाहल जिधर देखो उधर।
घात बाहर से अधिक भीतर मुखर।

जंगलीपन छा गया चारों तरफ़,
एक जंगल बन गया मेरा शहर।

दोस्ती में दुश्मनी में फ़र्क़ क्या,
आज अपनों से लगे हर वक़्त डर।

नाम तो बस अमर रहता प्यार से,
रेत पर चाहे लिखो चट्टान पर।

बाँध पाया कौन मुट्ठी में समय,
रोज़ घटती जा रही पल-पल उमर।

आपको हम हृदय का निर्मल कँवल देंगे।
प्यार का स्पर्श पाएँगे, ग़ज़ल देंगे।

पी चुके हैं हम गरल के घूँट शिव बनकर,
मृत्यु के भय से उन्हें क्या अब उगल देंगे।

बदल सकते हैं नहीं हम बात यह पक्की,
आज जो दिल में हमारे, वही कल देंगे।

आप आने की इनायत तो करें हम पर,
धूल-रंजित चरण पाकर नयन-जल देंगे।

यह विरानी जगह, ज़्यादा रुक नहीं सकते,
कौन जाने, कब कहाँ, किस राह चल देंगे।

घूमते हैं हर तरफ़ क़ातिल यहाँ।
अब शरीफ़ों की गुज़र मुश्किल यहाँ।

सफ़र लम्बा हम सफर कोई नहीं,
ज़िन्दगी अब बन गई बोझिल यहाँ।

मार कर जो टँगड़ी आगे बढ़ें,
बस उन्हें मिलती सहज मंज़िल यहाँ।

हो नहीं कोई पराजित भँवर से,
पर डुबाते बेवफ़ा साहिल यहाँ।

आपने भी यदि निगाहें फेर लीं,
कौन समझेगा हमारा दिल यहाँ।

रोशनी ग़ायब, रही केवल सियाही है।
आज गुलशन में तबाही ही तबाही है।

है नहीं हिम्मत किसी में ऐब कहने की,
जी हुजूरी और झूठी वाहवाही है।

हो रहा मुश्किल किसी का चैन से जीना,
ठाट से चलती किसी की बादशाही है।

फ़िक्र मत कीजे, सज़ा हो जाएगी निश्चित,
न्याय की ख़ातिर यहाँ झूठी गवाही है।

समय है बलवान चलता चाल मनमानी,
आदमी तो महज़ इक पैदल सिपाही है।

आज अपने ग़ैर यह दुख सालता।
सच कहा हमने यही की थी ख़ता।

मोड़ इतने ज़िन्दगी में आ गए,
हम कहाँ हैं ख़ुद नहीं हमको पता।

मन नहीं तो पाँव छू कर व्यर्थ ही,
क्यों बनाते हो हमें तुम देवता?

लौट कर गिरती हमेशा ही रही,
सूर्य पर यदि धूल कोई डालता।

स्वार्थ के सम्बन्ध ही बस रह गए,
अन्यथा अब कौन किसको पूछता।

आज गुमसुम सा खड़ा है आदमी।
द्वन्द्व-द्विविधा में पड़ा है आदमी।

ज़िन्दगी पूरी मशीनी हो गई,
कील-काँटों से जड़ा है आदमी।

फिसल जाता है तनिक से लोभ में,
अब नहीं ध्रुव सा अड़ा है आदमी।

हर तरह से आज क़द छोटा हुआ,
अब कहाँ उतना बड़ा है आदमी।

दूसरों की तनिक भी सुनता नहीं,
बात अपनी पर लड़ा है आदमी।

ख़ुशबुओं में आ रही बदबू बहुत,
स्यात् अन्दर से सड़ा है आदमी।

आज ख़ुद को आइने में देख कर,
शर्म से बेहद गड़ा है आदमी।

शराफ़त हो गई झूठी।
इनायत हो गई झूठी।

स्वयं के लाभ की ख़ातिर,
शिकायत हो गई झूठी।

लगे माँ-बाप अब पिटने,
शरारत हो गई झूठी।

जुर्म के पक्ष में लड़ कर,
वकालत हो गई झूठी।

सिसकता न्याय बेचारा,
अदालत हो गई झूठी।

सरे बाज़ार अब लुटते,
हिफ़ाजत हो गई झूठी।

अमानत में ख़ियानत है,
जमानत हो गई झूठी।

अखिलेश तिवारी

ज़िन्दगी तेरी इबादत के तरफ़दार रहे।
लाजिमी था कि मेरी राह भी दुश्वार रहे।

रो सकें आप लिपटकर न गले मिल पाएँ
ऐसे तलवार सा खिंच जाना तो बेकार रहे।

अब मेरे शहर की रस्मों का तक़ाज़ा ये है
दिल हो नाशाद प' मुस्कान असरदार रहे।

बस इसी जुर्म पे छीनी गईं मेरी नींदें
क्यूँ अँधेरों में मेरे ख़्वाब चमकदार रहे।

है तेरी याद की पुरवाई मयस्सर मुझको
और होंगे जो बहारों के तलबगार रहे।

क़ाफ़िला साँसों का लेकर चल रहे हैं रात दिन।
एक शादाबी की ख़ातिर जल रहे हैं रात दिन।

क्यों न हो महसूस तुमको मेरे शेरों में तपिश,
भट्ठियों में ज़हन की ये ढल रहे हैं रात दिन।

हैं मसाइल ज़िन्दगी के और भी पर कल तलक,
हम किसी के वास्ते बेकल रहे हैं रात दिन।

कर चुकी है क़त्ल अब तक जाने कितनी ख़्वाहिशें,
वक़्त की इस तेग़ के मक़्तल रहे हैं रात दिन।

लीजिए उनसे भी सुनिए आसमानों पर बयान,
जो क़फ़स के सीखचों में पल रहे हैं रात दिन।

डर बोल रहे, गूँगी हुई पीर लगे है
अब तो यही इस दौर की तस्वीर लगे है।

जुगनू हैं अलख अब भी जगाए हुए वरना
हर सिम्त अँधेरों की ही जागीर लगे है।

क़िस्से नदी के उसको सुनाते हैं अलीजाह,
वो शख़्स जो पानी के बिन अधीर लगे है।

आज़ादी का ये जश्न बहुत ख़ूब मगर क्यों,
पैरों में पड़ी अब भी हो ज़ंजीर लगे है।

यूँ सूख ही जाए न ये जज़्बात की डल झील,
हर चेहरा सुलगता हुआ कश्मीर लगे है।

जो मैं उदास हूँ मुझको उदास रहने दे।
अभी कुछ और मुझे अपने पास रहने दे।

कहाँ बुझेगी ये शबनम के चार क़तरों से,
मेरे लबों पे तू सहरा सी प्यास रहने दे।

मुझे है फ़िक्र अभी आदमी की ख़ुशबू भी,
अभी ये नामो नसब आमो खास रहने दे।

दिखा न ज़ख़्म कि ये बेहिसों की बस्ती है,
हयात! अपने बदन पे लिबास रहने दे।

शराब है न वो साक़ी की मस्त आँखें हैं
यही है पास ये ख़ाली गिलास रहने दे।

भीड़ में रहने की क़ीमत ये चुकाई अक्सर।
हमने तन्हाई ही बस ओढ़ी बिछाई अक्सर।

आदमीयत का बस इक बोझ उन्हें भारी था,
लादे फिरते थे जो काँधे पे ख़ुदाई अक्सर।

सिर्फ़ जल जाना हर उस शै का मुकद्दर ठहरा,
रौशनी जिसने अँधेरों में लुटाई अक्सर।

ख़्वाहिशें क़ैद रहीं दिल के क़फ़स में बरसों,
इन परिन्दों को न मिल पाई रिहाई अक्सर।

ज़िन्दगी अब तो भटकती है यतीमों की तरह,
थामता कोई नहीं उसकी कलाई अक्सर।

शब्द अंकित हैं जो अब तक ये हमारे दिल पर,
ख़ूँ से ही लिखते थे वो ग़ज़लो-रुबाई अक्सर।

ज़मीन में न दिखे बीज शजर होगा तो।
इन्हीं अँधेरों से आग़ाज़ें-सहर होगा तो।

तलाश लेगी हमें बूँद कोई स्वाती की,
भले हैं सीप प हममें ही गुहर होगा तो।

मगर सृजन ने भी फिर हार कहाँ मानी है,
यूँ आँधियों का घरौंदों पे कहर होगा तो।

नदी से मिल के उसे रुत्बा मिले मुम्किन है,
वजूद खो न दे, क़तरे को ये डर होगा तो।

यूँ रोशनाई नहीं नाम मिला है इसको,
निहाँ ज़रूर सियाही में शरर होगा तो।

बला का शोर है लेकिन ये भरोसा है मुझे,
मेरी ख़मोश सदाओं में असर होगा तो।

मिलन, जुदाई वफ़ा हो कि ग़म में जलने की,
कोई तो वजह हो, सीने में साँस चलने की।

चमकती रेत है कह रोकती है अक़्ल मुझे,
मचलती प्यास कहे उस तरफ़ ही चलने की।

हँसे भी रोए भी सुख दुख सभी के बाँटे भी,
ग़ज़ल नहीं ये मेरी बन्दिशों में पलने की।

तमाम उम्र जो बैसाखियाँ न छोड़ सका,
करे है वो ही नसीहत मुझे सँभलने की।

सलीब काँधे पे ढोते गुज़र गईं सदियाँ,
नई हो अब कोई सूरत लहू उबलने की।

दिल ख़ौफ़ उजालों से भी खाए है इन दिनों,
खुद अपनी ही परछाईं डराए है इन दिनों।

हैं कौन, कहाँ के हैं, यहाँ आए किसलिए,
दिल ये ही सवालात उठाए है इन दिनों।

अच्छा हो मुखौटा कोई उसका ही खेंच दे,
दर्पन जो ज़माने को दिखाए है इन दिनों।

यादों के समंदर में ये पूनम की चाँदनी,
साँसों का वही ज्वार उठाए है इन दिनों।

चलना है मुझे पाँवों के छालों के बावजूद,
आवाज़ कोई दूर बुलाए है इन दिनों।

मुम्किन है इस तरह हो दिखता है जो न वह हो,
पहने तमाम चेहरे, चेहरे पे तह-पे-तह हो।

माना कि पुरख़तर है दरिया शबाब पर है,
उतरे बग़ैर कोई, तैराक किस तरह हो।

बैठे न शब को कोसो कुछ रौशनी की सोचो,
कन्दील ही जलाओ क्या जाने कब सुबह हो।

जब सामने हो साहिल हरगिज़ न होना ग़ाफ़िल,
डूबे हैं कुछ सफ़ीने नज़दीक जब फ़तह हो।

दमकल, धुआँ, मशीनें, उचटी हुई हैं नीदें,
मासूम से ये सपने, रख दूँ कहीं जगह हो।

जब़ परिन्दे नशेमन सजाने लगे,
बिजलियों के अधर मुस्कराने लगे।

हो गए जब फ़ना सब हसीं ख़्वाब तो,
वो निगाहों से पहरे हटाने लगे।

शिद्‌दते शौक है कि है रंगे-जुनूँ,
रौशनी के लिए घर जलाने लगे।

ज़ख़्म भरने तलक ज़ब्त उनको कहाँ
मुझको अहबाब फिर आज़माने लगे।

वक़्ते मुश्किल वो आईना है जिसमें सब,
चेहरे अपनों के थे पर अजाने लगे।

राह अजानी मग पथरीला औ' ये तपन तुम क्या जानो,
इतने पर भी घात करें जो मेरे स्वजन तुम क्या जानो।

रीझा किए देख प्रतिमा की भव्य मनोहर सुन्दरता,
हुआ विरूपित जो पत्थर उसकी तड़पन तुम क्या जानो।

सच है जीवन दिया शलभ ने प्रेम-ख़्याति भी पाई तो,
दग्ध कर रही दीप-शिखा जो अपना तन तुम क्या जानो।

झर-झर नेह बहे जाते जो दुखियारे के नयनों से,
मेट नहीं उनको पाए पूजन अर्चन तुम क्या जानो।

सारे यत्न व्यर्थ हैं कोई लाख आईने से लड़ ले,
प्रतिबिम्ब दिखाएगा शत-शत टूटा दर्पन तुम क्या जानो।

तन-मन के जर्जर कानन में ऐसी हुई नेह वर्षा,
यह जीवन जो था निदाघ अब है सावन तुम क्या जानो।

सुल्तान अहमद

मौजों की तरह मस्ती पाएगा वो जीने में,
सागर की तरह रक्खे जो आग भी सीने में।

क्या तुम भी भटकते हो पाने को वही पानी?
सहरा में जो दिखता है आता नहीं पीने में।

आसान है लड़ लेना बाहर से अगर आए,
क्या कीजे अगर उट्ठे तूफ़ान सफ़ीने में?

गर तेज़ कसौटी पर उसको न चढ़ाएँगे,
आएगी चमक कैसे फिर ऐसे नगीने में?

क्या और बिखरना है, तब्दील करें इसको,
बिखराव से हैं बदतर हालात क़रीने में।

अजब ढंग की हैं मशीनें तुम्हारी,
चलायें हमारी ही साँसों पे आरी।

थपेड़ वहीं लेके तूफ़ान पहुँचा,
जहाँ नाव हमने नदी में उतारी।

यही रात फैली है सारे जहाँ पर,
किसी पे ये हल्की, किसी पे है भारी।

ज़रा होश आया दिखे पेचोख़म वो,
दिलों की बढ़ी और भी बेक़रारी।

परिन्दे जो घायल हुए तो कहा ये,
वही बागबाँ है, वही है शिकारी।

इस तरह साथ वो निभाते हैं,
बीच जंगल में छोड़ जाते हैं।

है ये जंगल बहुत घना लेकिन,
रास्ते फिर भी फूट आते हैं।

उनके हिस्से में कुछ नहीं आता,
बोझ धरती का जो उठाते हैं।

काश! ख़ुद भी वो देखते होते,
आईना सबको जो दिखाते हैं।

फँस गया हो न फिर कहीं सूरज,
चल गहन से उसे छुड़ाते हैं।

बेशक बेहद लम्बा है,
सीधा रस्ता अच्छा है।

काँटे देखके छोड़ूँ क्यों?
मेरा रस्ता मेरा है।

कोसों चलकर कोल्हू में,
सफ़र वहीं क्यों ठहरा है।

अक्सर कोमल काँधों पर,
बोझ बहुत ही ज़्यादा है।

पानी है या सहरा में,
धूप ने चेहरा बदला है?

डगर-डगर पर फूल मिलें,
कितना प्यारा सपना है।

ख़ौफ़ से तकते हैं मकाँ आजकल,
उठने लगा ऐसा धुआँ आजकल।

उड़ते हैं अल्फ़ाज़ तेरे हर तरफ़,
ज़ह्र-सा जिनमें है निहाँ आजकल।

कल को ज़मीं के न उड़ें चीथड़े,
दीख रहे हैं ये निशाँ आजकल।

बात गुलों से जो हुई तो लगा,
तल्ख़ है उनकी भी ज़ुबाँ आजकल।

लाख हक़ीक़त हो किसी को पता,
कौन भला देगा बयाँ आजकल?

लेके जो सहरा में नदी आएँगे,
जाने कहाँ हैं वो जवाँ आजकल!

मधुवेश

खिड़कियों पर कान सबके बेकली के साथ हैं,
सूचनाएँ हर घड़ी औ' खलबली के साथ हैं।

कौन जाने कब शहर में गोलियाँ चलने लगें,
सोचकर कुछ लोग अपनी पोटली के साथ हैं।

झूठ है बस एक जिसके वास्ते कसमें कई,
और वे कसमें सभी गंगाजली के साथ हैं।

नाम सुन दंगाइयों का हूँ बहुत हैरान मैं,
सुन रहा कुछ लोग उनमें इस गली के साथ हैं।

सींचते हैं रात-दिन जो सब्ज़ियों के खेत ही,
रोटियाँ उनके यहाँ गुड़ की डली के साथ हैं।

घूमती है शहर भर में दोस्तो इक बावली,
लोग भी हैं बावले जो बावली के साथ हैं।

कहीं अँधेरा कहीं उजाला अपनी बस्ती में,
सूरज का दस्तूर निराला अपनी बस्ती में।

अख़बारों ने चीरहरण के इतने पीटे ढोल,
बधिर हो गया बंसीवाला अपनी बस्ती में।

गली-गली है भीड़, शोर का नाम-निशान नहीं,
लगे दाल में है कुछ काला अपनी बस्ती में।

सारी गाएँ भूख-प्यास से लड़ते खेत रहीं,
सुना बनेगी अब गौशाला अपनी बस्ती में।

अवसरवादी लैंस लगे हैं अपनी ऐनक में,
काला गोरा, गोरा काला अपनी बस्ती में।

लूओं की बारिश में राही लिये साँझ की आस,
है सूरज के पग में छाला अपनी बस्ती में।

बरसती तेज लूओं में हमें बिसरा गए बादल,
हमारी आँख में कुछ बूँद बस ठहरा गए बादल।

कहीं पर जा गिरी बिजली, न जाने क्या हुआ होगा,
अरे वो देख कितनी ज़ोर से टकरा गये बादल।

जो होता पास में छाता तो शायद दूर ही रहते,
किसी को देखकर इस हाल में गहरा गए बादल।

गरजकर इस तरह आए, न जाने क्या करेंगे वो,
हवा के एक झोंके से मगर छितरा गए बादल।

भरी बरसात में तो आग बरसी थी यहाँ देखा,
मरे इस कड़कड़ाती ठंड में इतरा गए बादल।

जितने थे सब एक साथ ही जोड़जाड़कर बैठ गए,
अपनी करके रहे, खिलौने तोड़ताड़कर बैठ गए।

बस्तों की सुधबुध कंचों में भूल गए थे बच्चे जो,
सुनकर पापा की टनटन सब छोड़छाड़कर बैठ गए।

एक इशारा दयावान का पाते ही सब चुप्प हुए,
फिर वो भूखे बच्चे घुटने मोड़माड़कर बैठ गए।

कल फिर अपना सर फोड़ोगे या मेरा फोड़ोगे तुम,
जो ये सारे ही गुब्बारे फोड़फाड़कर बैठ गए।

आठ बजे से आठ बजे की ड्यूटी करके लौटे वो,
झोल खटोले में फिर अपने गोड़ गाड़कर बैठ गए।

हाल रहा ग़र यही तुम्हारा पास नहीं हो पाओगे,
सीधा-सादा प्रश्न भाग का जोड़जाड़कर बैठ गए।

पढ़ी है आपने ऐसी ख़बर अख़बार में कोई,
सुना है लुट गया था कल भरे बाज़ार में कोई।

हमारी फुसफुसाहट भी तो उन तक पहुँच जाती है,
कहें कैसे नहीं है छेद इस दीवार में कोई।

उसी दौरान फ़रियादी कई दम तोड़ बैठे थे,
मनाया जा रहा था जश्न जब दरबार में कोई।

किनारा पा गए लोगों ने मुड़कर भी नहीं देखा,
न देखा किस क़दर लाचार था मँझधार में कोई।

न अब पहली-सी होली है न अब पहली-सी दीवाली,
न लगती बात अब वैसी किसी त्योहार में कोई।

सविता चड्ढा

बहारों की कलम से ज़िन्दगी का गीत लिखती हूँ,
सितारों की चमक को आँसुओं का मीत लिखती हूँ।

मैं जी हलका नहीं करती कभी ग़म के थपेड़ों से,
मैं बाजी हार कर भी उसको अपनी जीत लिखती हूँ।

मेरे नगमों से उठती है हमेशा प्यार की ख़ुश्बू,
जिसे गाते हैं दिल के साज पर वो गीत लिखती हूँ।

वफ़ा के नाम पर मरने के क़िस्से आम हैं लेकिन,
पतंगों की जलन को मैं हमेशा प्रीत लिखती हूँ।

मुझे नाकामियों से अपनी घबराना नहीं आता,
मैं हर मुश्किल को अपनी आस का नवनीत लिखती हूँ।

सभी कहते हैं बहते आँसुओं में आग है लेकिन,
मैं तपते आँसुओं को मुस्कराकर शीत लिखती हूँ।

ख़्याल अपना है यह 'सविता' जमाने से अलग चलिए,
यही तो सोचकर हर बात मैं विपरीत लिखती हूँ।

टूट कर डाली से पत्ते गुम कहीं हो जाएँगे,
आज हैं साथ कल शायद कहीं खो जाएँगे।

है नहीं अपना ठिकाना बैठने तक को कहीं,
रात डालेगी जहाँ डेरा वहीं सो जाएँगे।

बाँटकर ग़म चाह ख़ुशियों की न करना तुम कभी,
वरना जो भी साथ हैं तुमसे जुदा हो जाएँगे।

जो नहीं अपने, भरोसा उन पे आख़िर किसलिए,
देख लेना एक दिन ये सब हवा हो जाएँगे।

वो हमारी ज़िन्दगी में बो रहा काँटे जहाँ,
हम ख़ुशी के बीज दुनिया में मगर बो जाएँगे।

किस लिए रहती है 'सविता' तू परेशां इस कदर,
ज़िन्दगी है जी इसे सब एक दिन तो जाएँगे।

अपनी तनहाई को सीने से लगाए रखिए,
ग़म हज़ार आएँ मगर उनको भुलाए रखिए।

मुँह से निकली तो उड़ा लेंगे जमाने वाले,
अपनी हर बात को होठों से दबाए रखिए।

इक न इक रोज़ वो आएँगे यक़ीनन मिलने,
अपनी आँखों के चिराग़ों को जलाए रखिए।

रात भर उनको अगर नींद न आए ग़म से,
उन चिराग़ों से नज़र अपनी मिलाए रखिए।

बारहा लौट के आते नहीं प्यारे लम्हे,
ऐसे लम्हात को आँखों में बसाए रखिए।

नक्शे-पा उनके मुक़द्दस हैं फ़रिश्तों जैसे,
उनके करमो पे यूँ ही सर को झुकाए रखिए।

आप तो 'सविता' हर ग़म को उठा लो हँस कर,
हैं ये विषफूल इन्हें सब से छुपाए रखिए।

बेशक सच कड़वा होता है,
लेकिन सच तो सच होता है।

दे जाते हैं जिसको अपने,
घाव वही गहरा होता है।

संघर्षों के घर्षण से ही,
यह जीवन उजला होता है।

हवा उड़ा ले जाती उसको,
जो पत्ता सूखा होता है।

यहीं कहीं पे मिल जाते हैं,
किससे कौन जुदा होता है।

ग़ैर भले हो कितना अच्छा,
अपना फिर अपना होता है।

दुखों की भट्ठी में ही तो,
'सविता' को तपना होता है।

दीया ये आस का हम को जलाए रखना है,
करम ख़ुशी का दिलों में बनाए रखना है।

जो टूटते हैं ये सपने तो टूट जाने दो,
हमें तो आँख में आँसू छुपाए रखना है।

ख़ुशी को ढूँढ़ के लाना है एक दिन हमको,
मगर गमों से भी रिश्ता बनाए रखना है।

किसी का साथ जमाना कभी नहीं देता,
हमें तो वक़्त को साथी बनाए रखना है।

मुहब्बतों के दीये मुश्किलों से जलते हैं,
इन्हें जहाँ की नज़र से बचाए रखना है।

हैं कौन कोई, हमें इससे कुछ नहीं लेना,
हमें तो अपनी ही दुनिया बसाए रखना है।

चलो ये मान लिया ज़िन्दगी ये बोझ सही,
मगर ये बोझ भी 'सविता' उठाए रखना है।

ग़म में थोड़ा मुस्करा कर देखिए,
ज़िन्दगी के पास आकर देखिए।

है पड़ी रोने की सारी ज़िन्दगी,
एक लम्हा गुनगुना कर देखिए।

मिल भी जाएगा, ख़ुदा भी एक दिन,
बस जरा-सी लौ लगा कर देखिए।

हार से पहले न मानो हार को,
अपनी किस्मत आजमा कर देखिए।

दूर कोई आप से मंजर नहीं,
एक पल नजरें उठा कर देखिए।

धुन्ध में लिपटी हुई हर चीज़ है,
जाइए कुछ पास जाकर देखिए।

ज़िन्दगी 'सविता' लगेगी फूल-सी,
ज़िन्दगी का गीत गा कर देखिए।

लक्ष्मण दुबे

कल हमारे साथ पूरी रात सोई शायरी।
ख़ूब ख़्वाबों से लिपटकर हमने बोई शायरी।

जब न कोई आसुँओं को पोंछने वाला मिला,
देर तक हमसे गले लगकर के रोई शायरी।

दिल ज़माने में नहीं लगता किसी का भी कभी,
कोई ढूँढ़े मैक़दा, करता है कोई शायरी।

तोड़कर पाबंदियाँ इज़हार की शिद्दत गयी,
ज़ीस्त के सैलाब में फिर हमने खोई शायरी।

हर मुकम्मल सच कहाँ शायर कोई कह पाएगा,
बारहा शब्दों ने 'लक्ष्मण' सिर्फ़ ढोई शायरी।

देर ही से सही मगर जाना।
लौटकर यार, अपने घर जाना!

ख़ून का रंग कैसा होता है,
चोट से क्यों न पेश्तर जाना!

ज़ीस्त की इन उदास राहों से,
हाथ मलते हुए गुज़र जाना!

हाय, यह इन्तज़ार का आलम,
बारहा साँस का ठहर जाना!

और लो यार ज़िन्दगी क्या है?
ऊबना और इधर-उधर जाना!

पास अज्ञानियों के, ओ ज्ञानी,
सीढ़ियाँ तुम ही कुछ उवर जाना!

पास जाना ही है अगर उसके,
इस ज़माने से ऊबकर जाना!

वो तो मनहूस आस का घर है,
भूलकर भी न तुम उधर जाना!

कोई उम्मीद अब नहीं बाक़ी,
शौक़ से 'लक्ष्मण' तू मर जाना।

लौट जाएगा वो जिसका घर रहे।
मैं तो बेघर हूँ मेरा ईश्वर रहे।

दुश्मनी बेशक़ निभाएँ दोस्तो,
बात होने की गुंजाइश पर रहे!

क़ुबलों की दिलकशी का क्या कहें!
दूर होने का अगर कुछ डर रहे!

जी रहे थे प्यार की गहराइयाँ,
इसलिए लड़ते हुए अक्सर रहे!

क्यों बँधा साँसों के नाजुक सूतसे,
एक बोझिल याद का पत्थर रहे,

हँस रहा दर्पण अगर लक्ष्मण हँसे,
अब कहाँ अगले मेरे तेवर रहे!

और ही फ़रियाद की है, दरअसल।
दर्द तो कुछ और ही है, दरअसल।

आरजू की क़ैद में तड़पा करें,
इक सज़ा यह ज़िन्दगी है, दरअसल।

भूलने की कोशिशों में आपको,
बहुत बेचैनी रही है, दरअसल।

यह उदासी यह कमी, यह बेकली,
आपकी मौजूदगी है, दरअसल।

भूख क्यों कोई नसीहत सुन सके,
भूख नीयत से बड़ी है, दरअसल।

हर सफलता मुश्किलों की गोद में,
खेलती-गाती पली है, दरअसल।

आप जिसके साथ खेले जा रहे,
आप-सा ही आदमी है, दरअसल।

रात-भर जलसा मना है जिस जगह,
रात-भर शमा जली है दरअसल।

शब्द-पथ पर मौन का इक घर मिले।
फिर ज़रा आगे मुझे ईश्वर मिले।

चिलमिलाती धूप में इस पथिक को,
काश, छाया से लदा तरुवर मिले!

जिसकी सदियों से रही मुझको तलाश,
रास्ते में वो मुझे अक्सर मिले!

ख़्वाहिशों का हाय मायावी सफ़र,
धड़ कहीं पर तो कहीं पर सर मिले।

फूल बिखराए तुम्हारी राह पर,
क्यों तुम्हारी ओर से पत्थर मिले!

रोटियों के थे जहाँ लाले पड़े,
उन घरों सैकड़ों ख़ंजर मिले।

चल पियें अपने हिस्से का रम ज़हर,
अब तो मुश्किल ही कोई शंकर मिले।

'लक्ष्मण' जो बन सके ग़म की ज़ुबाँ,
आज मुश्किल है कोई शायर मिले!

आग भी, बर्फ़ भी गुलाब का फूल।
है कोई याद-सी गुलाब का फूल।

जिसको रोटी की तलब है यारो,
क्या करे आदमी गुलाब का फूल?

इतना सुन्दर कोई हुआ न करे,
तोड़ते हैं सभी गुलाब का फूल!

एक दीपक-सा जल रहा गोया,
जेब पर आपकी गुलाब का फूल!

कोई काँटा-सा क्यों हुआ महसूस,
जब भी छुआ कभी गुलाब का फूल?

तड़प उठा है दिल महक के लिए,
देखकर काग़ज़ी गुलाब का फूल!

आँसू हैं बेनाम चिड़ियाँ क्या कीजै!
पेड़ से टूटी खुश्क पत्तियाँ क्या कीजै!

जीकर हमने जब अकाल को देख लिया,
वार-दिनों की भग्न सूक्तियाँ क्या कीजै!

मैं खुद ही आकाश अग़म बन फैल गया,
दीवारों पे लगी खिड़कियाँ क्या कीजै!

पहला-पहला प्यार दीवाना होता है!
जाने दो जो गईं लड़कियाँ क्या कीजै!

जब भाषा के भेष जलें आवेशों में,
और करे जज़्बात सख़्तियाँ क्या कीजै!

सूख गईं सारी नदियाँ अहसासों की,
इतनी सारी सजी कश्तियाँ क्या कीजै!

हाल हमारा कभी पूछने आ न सके जो,
पर्वत जितनी बड़ी हस्तियाँ क्या कीजै!

बिना दिलों के जिस्मों के बंजर देखो,
हाड़मांस की बसी बस्तियाँ क्या कीजै!

'लक्ष्मण' अपने दिल पर ज़ोर कहाँ चलता है,
मजबूरी की लाख रस्सियाँ क्या कीजै!

ग़म खुशी का हादसा होता है दोस्त।
दर्द भी बढ़कर दबा होता है दोस्त।

स्वर्ग का लालच हमें मत दीजिए,
मौत का भी मर्तबा होता है दोस्त।

पीके अपने एतबारों का लहू,
एक पत्थर देवता होता है दोस्त।

ठीक हैं नज़दीकियाँ लेकिन सुनो,
उससे अच्छा फासला होता है दोस्त।

साक्षी हैं घाव मेरी पीठ के,
दुश्मनों से भी बुरा होता है दोस्त।

हमने जब पूछा कि यह क्या हो रहा!
कह रहे हैं आपका जाता है क्या!

ठोकरों से जो कभी वाक़िफ़ न था,
घर की चौखट से वो टकराकर गिरा।

रात की तन्हाइयों की धूलि में,
एक साया दस्तकें कुछ बो गया!

नींद बैरी क्यों न हो तेरी रा दोस्त,
हद से ज़्यादा ख़्वाब क्यों है देखता!

ज़िन्दगी हमको लगी है दोस्तो,
एक ज़ालिम आदमी का फ़ैसला!

जुल्म की फरियाद की तो 'लक्ष्मण',
उठ रहा दिल में बवंडर ख़ौफ़ का!

आँखों में आज तक भी वो दर्द की तरी है।
यादों से दिल की वादी हर दम हरी भरी है।

ख़ामोशियों में लिपटी इक चीख़ है वो गोया,
नंगा बदन छुपाये बैठी जो सुन्दरी है।

ऊँचाइयों से उसका होता नहीं गुजारा,
धरती पे घूमती अब आकाश की परी है।

एकान्त की वो चिड़िया इस शोर के कफ़स में,
अज़लूम-सी बिचारी कितनी डरी-डरी है।

कुछ साल पहले कवि ने देखी थी धूप में जो,
पत्थर को तोड़ती वो अबतक भी छोकरी है।

मौजूदगी को याद बनाते नहीं कभी।
दिन हो तो फिर चराग़ जलाते नहीं कभी।

लगता है मर गया है वो मजबूर आदमी,
जीते जी वरना ऐसे सजाते नहीं कभी।

रिश्तों का पानी पल में ही बन जाएगा ज़हर,
परदा हया का ऐसे हटाते नहीं कभी।

इन्सान फ़ैसले का चुने काश ठीक वक़्त,
बीते जो पल वो लौट के आते नहीं कभी।

जब ज़िन्दगी बशर की नज़र का कमाल है,
क्यों आँख आप हमसे मिलाते नहीं कभी।

रस्ते में मिल गया न हो गुल-रंग कोई शख़्स,
वरना वो इतनी देर लगाते नहीं कभी।

बनता है कोई शेख़, कोई रिन्द-बाकमाल,
जाएँ कहाँ जो चैन ही पाते नहीं कभी।

सरकती रेत के तट पर ये अपना घर बनाया क्यों?
दिया, फिर आँधियों की राह में तूने जलाया क्यों?

तरीके और भी तो थे यहाँ मशहूर होने के,
किया नीलाम ग़ैरत को, खुदी को ही मिटाया क्यों?

हुआ है आज शर्मिन्दा हमें पैदा किया जिसने,
अरे इन्सान! बतला खुद को इतना भी गिराया क्यों?

रहे गर ज़हन में थोड़ी उदासी, काम आती है,
ज़रा-सा ऊबने पर मैक़दे में उसको लाया क्यों?

मुसीबत से यों जीवन-भर अरे ओ जूझने वाले!
अचानक क्या हुआ, दीपक उम्मीदों का बुझाया क्यों?

तसव्वुर की जमीं पर जो लिखा था नाम अच्छा-सा,
तड़पकर अपने हाथों से उसे ऐसे मिटाया क्यों?

झुकाया सर था श्रद्धा से जिसे भगवान माना था,
उसे बेदर्दियों से फिर सलीबों पर चढ़ाया क्यों?

गुलों के बोझ से डाली कोई टूटी, कहीं देखा,
बहुत पछता रहा हूँ मैं तुझे दिल में बसाया क्यों?

जहाँ हरेक रिश्ते ने तुझे आँसू पिलाए थे,
बता फिर उस गली में 'लक्ष्मण' तू लौट आया क्यों?

हमने क्यों डाले हैं डेरे शहर में?
ढूँढ़ते हैं क्या अँधेरे शहर में?

साँस के गहने पहनकर मत निकल,
फिरते हैं वक़्ती लुटेरे शहर में।

बारी-बारी सब बिछड़कर चल दिए।
अब रहा ही क्या है तेरे शहर में?

जंगलों में साँप अब मिलते नहीं,
आ गए हैं सब सँपेरे शहर में।

देखना है तो निकलकर देख ले,
क्या नहीं होता है मेरे शहर में।

स्वर्ग जैसे गाँव अपने छोड़कर,
क्यों किए तुमने बसेरे शहर में।

घूरती तारीकियों के बाद अब,
काश! आए कुछ सवेरे शहर में।

क्या इरादा है, तेरा कुछ तो बता,
क्यों लगाता है ये फेरे शहर में।

रोशनी शायद जभी तो बुझ गई,
कुछ भी कर लो अब अँधेरे शहर में।

'लक्ष्मण' को रोशनी से क्या ग़रज?
सुख मिला काले घनेरे शहर में।

डॉ. रोहिताश्व अस्थाना

तुम रेशम-रेशम लगती हो!
ग़ज़लों की सरगम लगती हो ॥

हरी घास पर मोती जैसी–
तुम शबनम-शबनम लगती हो ॥

तुम मेरे उदास आँगन में–
पायल की छम छम लगती हो ॥

तुम इतनी पावनतम हो प्रिय–
गंगा का उद्‌गम लगती हो ॥

तुम मेरे मन-सिंहासन पर–
प्रतिमा सी हरदम लगती हो ॥

याद तुम्हारी आती जब-जब–
तुम आँखें पुरनम लगती हो ॥

मेरे जीवन के अम्बर पर–
तुम पूनम-पूनम लगती हो ॥

उनके हाथों में आज ताकत है!
सबके दिल में अजीब दहशत है ॥

बोलने का हुनर नहीं आता—
उनका पेशा मगर वकालत है ॥

चुनके भेजा था कुछ शरीफ़ों को—
हाय फिर भी न उनका बहुमत है ॥

देखकर हश्र कुछ शरीफ़ों का—
हमने भी छोड़ दी शराफ़त है ॥

अपनी बहनों को जो बचा न सका—
उसके हाथों जहाँ की अस्मत है ॥

रास आती नहीं हमें दुनिया—
जबसे बदली यहाँ हुकूमत है ॥

हमको शक है कि उनके हाथों में—
देश अपना सही-सलामत है ॥

आपसे मिलकर मुझे अच्छा लगा।
प्यार का तेवर मुझे अच्छा लगा ॥

आपसे संवेदनाएँ यों मिलीं—
पत्थरों का घर मुझे अच्छा लगा ॥

आपका बेदाग चेहरा ऐ सनम—
चाँद से बढ़कर मुझे अच्छा लगा ॥

ज़िन्दगी भर धूप को सहते हुए—
छाँव में रुक कर मुझे अच्छा लगा ॥

आपके संग प्यार से चलते हुए—
राह में पल भर मुझे अच्छा लगा ॥

दर्द का ज्वालामुखी उर पर लिए
याद में रोकर मुझे अच्छा लगा ॥

आप जब गाने चलीं मेरी ग़ज़ल—
बाँसुरी का स्वर मुझे अच्छा लगा ॥

ख़ून के आँसुओं से रोती है!
ज़िन्दगी कितनी अजीब होती है ॥

बोलने को न जिनसे दिल चाहे–
आशनाई उन्हीं से होती है ॥

प्रेम की पीर अश्रु की धारा–
गीत-ग़ज़लों के बीज बोती है ॥

कमीज़ उसकी सलामत है अभी–
फट गई किन्तु कल ही धोयी है ॥

स्वाति की बूँद सीप के मुँह में–
जा के बनती सुहाना मोती है ॥

क्या से क्या हो गया वतन अपना–
भोली जनता यहाँ की सोती है ॥

आ के इक बार देख जाओ तो–
वेदना दिल में कहाँ होती है ॥

डॉ. उर्मिलेश

आदमी का ख़याल कौन करे।
खुद से खुद ही सवाल कौन करे॥

अब तो फेंकी हुई सिरिंज हैं हम।
अब हमें इस्तेमाल कौन करे॥

हादसों का मलाल कर लेते।
सिलसिलों का मलाल कौन करे॥

सबके-सब सो रहे हैं घर जाकर।
खेत की देखभाल कौन करे॥

अपने घेरों में क़ैद हैं जो लोग।
उनको, उनसे बहाल कौन करे॥

ये कसाई बड़े अहिंसक हैं।
मसलूओं को हलाल कौन करे॥

आज तक रेंगते ही आये जो।
उनकी अब तेज़ चाल कौन करे॥

ऐसे हालात होते गए।
लोग इस्पात होते गए ॥

घात पर घात होते गए।
दूर सदमात होते गए ॥

आदमी ख़ूब फैला मगर।
तंग जज़्बात होते गए ॥

जबसे आबादियाँ क्या बढ़ीं।
घर हवालात होते गए ॥

राजहंसों के पद-नाम पर।
काग तैनात होते गए ॥

भूल से ज़हर क्या पी लिया।
लोग सुकरात होते गए ॥

हम सवालों को करते हुए।
खुद सवालात होते गए ॥

वो करोड़ीराम क्यूँ है, सब हमें मालूम है।
उसका इतना नाम क्यूँ है, सब हमें मालूम है ॥

सबके हिस्से की शराबें उसके घर में क़ैद हैं।
वो उमरख़ैयाम क्यूँ है, सब हमें मालूम है ॥

ख़ास लोगों में है उसका रोज़ उठना-बैठना।
फिर भी दिखता आम क्यूँ है, सब हमें मालूम है ॥

हर सुबह कहता है वो टी.वी. बड़ा अश्लील है।
देखता हर शाम क्यूँ है, सब हमें मालूम है।।

हर किलोमीटर पे अब तो हैं पुलिस के बैरियर।
हर सड़क पर जाम क्यूँ है, सब हमें मालूम है ॥

रात में भी अपना दफ़्तर खोलकर बैठा है वो।
उसपे इतना काम क्यूँ है, सब हमें मालूम है ॥

जबकि वो पापी नहीं है और झूठा भी नहीं।
जाता तीरथधाम क्यूँ है, सब हमें मालूम है ॥

वो ही दुनिया में भले हैं, यह सरासर झूठ है।
और सब उनके तले हैं, यह सरासर झूठ है ॥

ये तो सच है उनकी रातों में उजाले हैं मगर।
दीप बनकर वो जले हैं, यह सरासर झूठ है ॥

और भी कुछ लोग हैं उनकी तरह इस शहर में।
सिर्फ़ वो ही दोग़ले हैं, यह सरासर झूठ है ॥

जाने कितने मौसमों की मेहनतें वो खा गए।
ख़ुद ही वो फूले-फले हैं, यह सरासर झूठ है ॥

हर बहू को अपनी बेटी की तरह मानेंगे वो।
ये उन्हीं के फैसले हैं, यह सरासर झूठ है ॥

हाँ, वो कारों में फिरे, नभ में उड़े यह ठीक है।
रास्तों पर वो चले हैं, यह सरासर झूठ है ॥

सत्य कहना ही नहीं आता है उनको दोस्तो!
वो जनम से तोतले हैं, यह सरासर झूठ है ॥

उनसे शिकवे गिले रह गए।
यानी कुछ सिलसिले रह गए ॥

उनसे हर बार मिलकर लगा।
वो कहीं बिन मिले रह गए ॥

उनसे कहना तो चाहा बहुत।
होंठ लेकिन सिले रह गए ॥

पूरे सूबे में बारिश हुई।
हम ही सूखे ज़िले रह गए ॥

बादशाहत कहाँ रह गई।
अब तो ख़ाली क़िले रह गए ॥

सबकी राहें जुदा हो गईं।
अब कहाँ क़ाफ़िले रह गए ॥

रेलगाड़ी हवा हो गई।
हाथ अपने हिले रह गए ॥